ALBERT BLECKMANN

Internationale Beamtenstreitigkeiten vor nationalen Gerichten

Schriften zum Völkerrecht

Band 68

Internationale Beamtenstreitigkeiten vor nationalen Gerichten

Materialien zum Recht der internationalen Organisationen und zur Immunität

Rechtsgutachten
für die Union Syndicale, Section Eurocontrol

von

Dr. Dr. Albert Bleckmann
o. Professor an der Universität zu Münster

DUNCKER & HUMBLOT / BERLIN

Gedruckt 1981 bei Buchdruckerei Bruno Luck, Berlin 65
Printed in Germany
ISBN 3 428 04829 6

Vorwort

Mein Rechtsgutachten über die Zuständigkeit der deutschen Gerichte für Streitigkeiten zwischen der Eurocontrol und ihren Bediensteten, das ich dank der Zustimmung des Europäischen Gewerkschaftsbundes und des Klägers im Ausgangsverfahren hiermit der Öffentlichkeit vorlegen kann, wirft zahlreiche neue Probleme vor allem der internationalen Zuständigkeit, des Rechts der internationalen Organisationen, des Immunitätsrechts und des Verhältnisses zwischen dem Völkerrecht und dem nationalen Recht auf, die weit über die konkreten Streitfragen hinaus Bedeutung gewinnen könnten und deshalb von generellem Interesse sein dürften. Ganz abgesehen davon ist schon die Tatsache selbst für den Völkerrechtler von Interesse, daß die Bediensteten der internationalen Verwaltungsgerichte, die doch gerade zum Schutz ihrer Rechte und Interessen eingerichtet wurden, selbst dann nur wenig Vertrauen setzen, wenn die Richter wie beim ILO-Verwaltungsgericht durch Mitwirkung der Arbeitnehmervertreter ernannt wurden. Darüber hinaus meine ich, in diesem Rechtsgutachten eine Reihe von neuen Methoden zur Gewinnung allgemeinen Völkerrechts entwickelt zu haben, die vielleicht generelle Bedeutung besitzen und deshalb einer Überprüfung durch die Fachwelt für wert befunden werden könnten.

Ich danke den Herren des Max-Planck-Instituts für ausländisches öffentliches Recht und Völkerrecht in Heidelberg, allen voran ihrem Direktor, Herrn Professor Dr. *Rudolf Bernhardt,* für die großzügige Unterstützung bei der Benutzung der dortigen Bibliothek, Frau *Helga Butze* für die sorgfältige Einrichtung des Manuskripts, Herrn Referendar *Martin Müller* für das Korrekturlesen und nicht zuletzt Herrn Senator E. h. Ministerialrat a. D. Professor Dr. *J. Broermann* für die Aufnahme dieses Gutachtens in seine Schriftenreihe zum Völkerrecht.

Münster, den 1. September 1980

Albert Bleckmann

Inhaltsverzeichnis

1. TEIL

Sachverhalt und bisheriges Verfahren

1. Der Kläger ist als deutscher Staatsangehöriger „Beamter der Eurocontrol-Agentur" in Karlsruhe. Da die Pensionskasse der Eurocontrol, für die vom Kläger 8,5 % seines Gehalts abgezogen werden, erst nach 10 Jahren der Beitragszahlung Pensionsansprüche gewährt, der Kläger aber nur 5 Jahre bei der Eurocontrol arbeiten wird, hat K. vor dem Arbeitsgericht Karlsruhe die Europäische Organisation zur Sicherung der Luftfahrt (Eurocontrol) mit dem Antrag verklagt, die Organisation möge für den Kläger Beiträge zur deutschen Sozialversicherung zahlen.

2. In den drei Instanzen der deutschen Arbeitsgerichtsbarkeit war die internationale Zuständigkeit der Bundesrepublik Deutschland für Klagen der Bediensteten internationaler Organisationen gegen die internationale Organisation aus dem Beamtenverhältnis strittig:

a) Das *Arbeitsgericht Karlsruhe* hat mit Urteil vom 5. Dezember 1978 (2 Ca 119/78) den Rechtsweg zu den Arbeitsgerichten für unzulässig erklärt und auf Antrag des Klägers den Rechtsstreit an das Sozialgericht Karlsruhe verwiesen.

Das Arbeitsgericht war der Auffassung, Eurocontrol sei eine supranationale Organisation mit eigener völkerrechtlicher Rechtspersönlichkeit. Unter Berufung auf *Kordt* (WVR 2, S. 804 ff.) neigt das Arbeitsgericht zu der Auffassung, daß internationale Organisationen Immunität nur besäßen, soweit sie ihnen vertraglich ausdrücklich gewährt worden sei. Die Frage könne aber dahingestellt bleiben; die Immunität der internationalen Organisation sei jedenfalls ausgeschlossen, wenn die Gründungsverträge der internationalen Organisation die Immunität — durch einen ausdrücklichen Vorbehalt der nationalen Gerichtsbarkeit — absprechen (Berufung auf BVerwG, Urt. v. 16. 9. 1977, BVerwGE 54, S. 291 ff.; Seidl-Hohenveldern, Das Recht der Internationalen Organisation, 2. Aufl. 1971, S. 249, Rdnr. 1912; Schlüter, Die innerstaatliche Rechtsstellung der Internationalen Organisationen, 1972, S. 169).

Einen solchen Vorbehalt sah das Arbeitsgericht in Ziff. 5 des Zeichnungsprotokolls zum Internationalen Übereinkommen über Zusammenarbeit zur Satzung der Sicherung der Luftfahrt „Eurocontrol" vom

13. 12. 1960 (BGBl. 1962 II, S. 2322), nach dem „die Zuständigkeit der innerstaatlichen Gerichte in bezug auf Streitigkeiten zwischen der Organisation und dem Personal der Agentur weder durch das Übereinkommen noch durch die als Anlage beigefügte Satzung beschränkt" werden. Diese Bestimmung habe als Völkerrechtsvertrag zwischen den Mitgliedsstaaten denselben Rang wie die Satzung selbst. Es handele sich auch nicht nur um eine Übergangsregelung, die nur für die Zeit gegolten habe, als der Eurocontrol von den Regierungen nationale Beamte zur Verfügung gestellt worden seien; ihrem Wortlaut nach sei diese Bestimmung auch heute noch auf die eigenen Bediensteten von Eurocontrol anwendbar.

Ziff. 5 des Zeichnungsprotokolls als „Verfassung" der Eurocontrol sei durch die Übertragung der Zuständigkeit bei Personalstreitigkeiten der Eurocontrol auf das Verwaltungsgericht der Internationalen Arbeitsorganisationen durch das in einem Beschluß der Organe von Eurocontrol verabschiedeten Verwaltungsstatuts des Personals nicht aufgehoben worden, weil Beschlüsse der Organe internationaler Organisationen, welche gegen die Satzung verstoßen, nichtig seien.

Seien danach die deutschen Gerichte für den Rechtsstreit international zuständig, richte sich die materielle Zuständigkeit nach deutschem Recht. Nach deutschem Recht gehörten aber Streitigkeiten über die Sozialversicherungspflicht vor die deutschen Sozialgerichte, es handele sich nicht um bürgerlich-rechtliche Streitigkeiten.

b) Auf die Berufung von Eurocontrol hat das *Landesarbeitsgericht Baden-Württemberg*, Kammer Mannheim, mit Urteil vom 28. September 1979 (6 Sa 33/79 — 2 Ca 119/78) das Urteil des Arbeitsgerichts Karlsruhe aufgehoben und die Klage als unzulässig abgewiesen. Nach Ansicht des Gerichts hat die Bundesrepublik Deutschland durch die „Zweite Verordnung über die Gewährung von Vorrechten und Befreiungen an die Europäische Organisation zur Sicherung der Luftfahrt „Eurocontrol" vom 29. 8. 1979[1] auf ihre Zuständigkeit in Ziff. 5 des Zeichnungsprotokolls völkerrechtlich rechtswirksam verzichtet. Zuständig sei nach dem Verwaltungsstatut des Personals von Eurocontrol ausschließlich das Verwaltungsgericht der ILO. Ein Verstoß gegen das Grundgesetz liege im Ausschluß des deutschen Rechtsweges nicht, da das Verwaltungsgericht der ILO rechtsstaatlichen Anforderungen voll genüge.

c) Gegen dieses Urteil hat der Kläger Revision beim *Bundesarbeitsgericht* eingelegt. Das Gutachten wurde für den Kläger zur Vorlage vor dem Bundesarbeitsgericht erstattet.

---

1 BGBl. II, 1979, S. 970.

3. Hinzuweisen ist darauf, daß in einer Reihe von anderen Verfahren Bedienstete von Eurocontrol vor nationalen Gerichten geklagt haben, weil sie zu dem Verwaltungsgericht der ILO kein Vertrauen haben. In diesem Rahmen sind folgende Materialien zu berücksichtigen:

a) In der Rechtssache *H. gegen Eurocontrol* auf Fortbestehen des Beschäftigungsverhältnisses haben das *Verwaltungsgericht Karlsruhe* mit Urteil vom 5. Juli 1979 (VIII 61/79) und der *Verwaltungsgerichtshof* Baden-Württemberg mit Beschluß vom 7. August 1979 (IV 1355/79 — NJW 1980, S. 540) die internationale Zuständigkeit der deutschen Gerichte verneint.

Der VGH Baden-Württemberg läßt die Frage der gewohnheitsrechtlichen Immunität internationaler Organisationen dahinstehen. Art. 14 der Satzung der Agentur, nach welchem die Agentur ein autonomes Personalstatut erläßt, beinhalte die implizite Ermächtigung zur Begründung eines internationalen Verwaltungsgerichts:

„Die Antragsgegnerin kann ihre Aufgaben — vor allem die ihr übertragene Durchführung der Flugsicherungsdienste — nur dann reibungslos wahrnehmen, wenn das von ihr angestellte Personal einem einheitlichen Dienstrecht unterliegt. Das liegt ersichtlich der Ermächtigung zur Schaffung eines solchen Dienstrechts in Art. 14 Abs. 1 der Satzung der Agentur zugrunde. Diese Ermächtigung dürfte die Befugnis einschließen, hinsichtlich des Rechtsverhältnisses der Bediensteten ein Ausscheiden der Antragsgegnerin aus der jeweiligen nationalen Rechtsprechungsgewalt und eine gerichtliche Kontrolle durch eine einzige internationale Gerichtsbarkeit vorzusehen, wie sie für Klagen der Bediensteten internationaler Organisationen aus dem Beamtendienstverhältnis üblich ist. Denn der durch die Ermächtigung verfolgte Zweck würde in Frage gestellt, wenn die durch das internationale Dienstrecht geregelten Verhältnisse der unterschiedlichen Rechtskontrolle durch die Gerichte der einzelnen Mitgliedsstaaten unterworfen wären.... Die Bundesrepublik Deutschland und die anderen Vertragsstaaten haben insofern durch ihre Mitwirkung an der Begründung autonomer Hoheitsgewalt der Antragsgegnerin samt der Ermächtigung zur Schaffung eines einheitlichen Dienstrechts in Art. 14 Abs. 1 der Satzung der Agentur auf diese nationale Kontrolle verzichtet."

Ziff. 5 des Zeichnungsprotokolls stehe einer solchen Auslegung des Vertrages nicht entgegen, da er nach der Entstehungsgeschichte nur die Rechtsverhältnisse der von den nationalen Regierungen überlassenen nationalen Beamten bei der Eurocontrol, nicht die eigenen Bediensteten der Agentur betreffe. Im übrigen verstoße die Ermächtigung zur Schaffung eines eigenen Gerichts nicht gegen das Grundgesetz, da das ILO-Verwaltungsgericht rechtsstaatlichen Anforderungen voll entspreche.

b) Das *Verwaltungsgericht der ILO* hat mit seinem Urteil Nr. 322 in der Sache *Breuckmann* (No. 2) seine Kompetenz für Streitigkeiten aus dem Dienstverhältnis der Bediensteten von Eurocontrol ausdrücklich bestätigt. Es hat hierzu ausgeführt:

„Sur la compétence:

1. Le requérant met en doute la compétence du Tribunal qu'il a cependant saisi lui-même, en invoquant le chiffre 5 du Protocole de signature de la Convention internationale de coopération pour la sécurité de la navigation aérienne Eurocontrol. Cette disposition est rédigée comme il suit: ‚Rien dans la convention ni dans les statuts y annexés n'a pour effet de restreindre la compétence des tribunaux nationaux en ce qui concerne les différentes opposant l'Organisation et le Personnel de l'Agence. Toutefois, postérieurement au Protocole de signature de la Convention, avec l'approbation de tous les représentants des Etats-membres, l'Agence a attribué au Tribunal Administratif de l'Organisation internationale du Travail, en vertu de l'article 93 du Statut administratif du personnel permanent, la compétence de juger les litiges qui portent sur l'inobservation dudit Statut, quant au fond ou à la forme. Pour sa part, l'Organisation Internationale du Travail a accepté cette attribution de compétence selon la procédure prévue. Dès lors, en l'espèce, la compétence du tribunal résulte d'un accord international qui l'emporte sur les règles adoptées précédemment par une des parties de façon unilatérale. Point n'est besoin d'examiner si comme le soutient l'Agence, la Convention dont elle tire son origine ne crée de droits et d'obligations qu'entre Etats-membres, ni s'il appartient au Tribunal, appelé à se prononcer d'office sur sa compétence, de tenir compte d'une disposition dont le requérant ne pourrait se prévaloir."

4. Insbesondere die Entscheidungen des VGH und des LAG Baden-Württemberg wurden sehr stark durch ein am 8. Juni 1979 in der Sache S. gegen Eurocontrol für die Eurocontrol erstattetes Gutachten des Kölner Völkerrechtlers Professor Dr. *I. Seidl-Hohenveldern* beeinflußt.

Nach diesem Gutachten genießen internationale Organisationen zumindest hinsichtlich der Beziehungen zu ihrem Personal auch ohne vertragliche Regelung kraft Völkergewohnheitsrechts und aus der Natur der Sache heraus Immunität von der nationalen Rechtsprechung. Die internationalen Organisationen könnten ihre Aufgaben nur erfüllen, wenn sie Immunität von der Gerichtsbarkeit ihrer Mitgliedstaaten genössen. Eine internationale Organisation müsse den gemeinsamen Willen der Mitgliedstaaten zum Ausdruck bringen. Dies wäre ihr nicht möglich, wenn ihre Handlungen von Entscheidungen eines nationalen Organs beeinflußt werden könnten. Die Organisation müsse allen gegenüber mit einer Stimme sprechen und könne ihre Rechtsbeziehungen nur nach einem einheitlichen Recht regeln. Diese Notwendigkeiten sprächen ganz besonders dagegen, die Rechtsbeziehungen zwischen der Organisation und ihren Bediensteten der Gerichtsbarkeit nationaler Gerichte zu unterstellen. Die Rechtsprechung der verschiedenen nationalen Gerichte könne kaum einheitlich sein. Diese Uneinheitlichkeit würde dazu führen, daß Rechtsstreitigkeiten über den gleichen Gegenstand in verschiedenen Mitgliedstaaten verschieden entschieden würden. Die Einheitlichkeit des Personalstatuts verlange aber die Einheitlichkeit der Rechtsprechung. Die Wirksamkeit einer internationalen Organisation hänge ferner nicht zuletzt davon ab, daß die Mitgliedstaaten Vertrauen in die Unparteilichkeit der Organisation und ihrer Bediensteten haben. Aus diesem Grunde sehe das Personalstatut jeder solchen Organisation vor, daß die Bediensteten jede Möglichkeit einer Beeinflussung durch ihre Heimatstaaten zu meiden haben. Es wäre eine schwerwiegende Verletzung dieses Gedankens und der sich daraus ergebenden Bindungen dieser Beamten, wenn diese für die Regelung allfälliger Streitigkeiten mit der Organisation den Schutz des Heimatstaates anrufen wollten.

Als Praxis für die Begründung von Völkergewohnheitsrecht beruft sich *Seidl-Hohenveldern* auf folgende Fälle: Mit Recht habe das Bundesarbeitsgericht in seinem Urteil vom 25. 1. 1973 (5 AZR 399/72, Arbeitsrechtliche Praxis D VA, 279) entschieden, daß die Verordnung der Bundesregierung vom 14. 9. 1965 über die Gewährung von Vorrechten und Befreiung an die EWO (BGBl. 1965 II, S. 1383 ff.) „eine allgemeine Regel des Völkerrechts wiedergibt, die gemäß Art. 35 GG Bestandteil des Bundesrechts bildet". Ebenso sehe Art. 12 Buchst. c) des Protokolls über die Vorrechte und Befreiungen der Europäischen Gemeinschaften vom 8. 4. 1965 (BGBl. 1965 II, S. 1482) vor, daß „den Beamten der Gemeinschaften die den Beamten der internationalen Organisationen üblicherweise gewährten Erleichterungen auf dem Gebiet der Vorschriften des Währungs- und Devisenrechts zustehen". *Seyerstedt* (Jurisdiction over Organs and Officials of States, the Holy See and Intergovernmental Organisation, ICLQ 1965, 54) weise darauf hin, daß in der Rechtssache *Chemidlin* c. *Bureau international des Poids et Mesures* (Cour de Cassation 27. 7. 1945, Ann. Dig. 1943 - 45, S. 231) ein französisches Gericht sich ratione materiae als unzuständig für den Streit zwischen einer internationalen Organisation und einem ihrer Beamten erklärte, obwohl kein Text der betreffenden internationalen Organisation Gerichtsimmunität zuerkannt hätte. Die oben angeführten Erwägungen ergäben sich aus der Natur jeder internationalen Organisation. Sie hätten auch ein deutsches Gericht dazu bewogen, der WEU Gerichtsimmunität zuzubilligen, bevor die Bundesrepublik Deutschland das Übereinkommen über den Status der WEU ratifiziert habe, das der

WEU eine volle Immunität zuerkannt habe (AG Bonn, Urt. v. 23. 8. 1961, MDR 1962, S. 315).

Ziff. 5 des Zeichnungsprotokolls zum Eurocontrol-Vertrag schließe diese Immunität der Eurocontrol nicht aus. Seinem Wortlaut nach enthalte er keine Verweisung auf die nationale Gerichtsbarkeit, sondern eine einfache Feststellung einer Tatsache. Überdies erkläre sich diese Vorschrift daraus, daß sie die Rechtsverhältnisse der ursprünglich von den nationalen Regierungen zur Verfügung gestellten nationalen Beamten regle; es handele sich um eine Übergangsvorschrift, die nicht die später angestellten eigenen Bediensteten der Eurocontrol betreffe.

Überdies sei Ziff. 5 des Zeichnungsprotokolls durch die Zuweisung der Streitigkeiten aus dem Beamtenverhältnis der Eurocontrol an das Verwaltungsgericht der ILO durch das Verwaltungsstatut des Personals und den entsprechenden Vertrag mit der ILO außer Kraft gesetzt worden. Das Verwaltungsstatut des Personals sei aufgrund eines einstimmigen Beschlusses der Regierung der Mitgliedstaaten verabschiedet worden. Es sei als völkerrechtlicher Vertrag zwischen den Mitgliedstaaten zu deuten, der die Satzung formlos ändern könne. Selbst wenn aber der Beschluß der Mitgliedstaaten gegen die Satzung verstoße und damit nichtig sei, wäre der Vertrag mit der ILO nach Völkerrecht gültig.

Überdies fehle den deutschen Verwaltungsgerichten die Zuständigkeit ratione materiae. Die Zuständigkeit der deutschen Verwaltungsgerichte sei auf die Aufhebung deutscher Verwaltungsakte begrenzt. Die Akte der Eurocontrol aber seien Akte aller sieben Mitgliedstaaten, welche der Kontrolle der deutschen Verwaltungsgerichte nicht unterworfen seien.

2. TEIL

Rechtsgutachten

A. Zur internationalen Zuständigkeit der Gerichte der Bundesrepublik Deutschland

I. Zur Notwendigkeit der Begründung der internationalen Zuständigkeit der deutschen Gerichte

Die bisher ergangenen Urteile zur internationalen Zuständigkeit deutscher Gerichte über Rechtsverhältnisse zwischen internationalen Beamten und Eurocontrol untersuchen nur die Immunität der internationalen Organisation als Ausnahme von der internationalen Zuständigkeit der Bundesrepublik Deutschland, nicht die internationale Zuständigkeit selbst. Aus der Ablehnung der Immunität kann aber auf die internationale Zuständigkeit der Bundesrepublik nicht ohne nähere Begründung geschlossen werden. Diese internationale Zuständigkeit der Bundesrepublik ist deshalb vorweg zu begründen.

1. Die internationale Zuständigkeit nach der „Souveränitätstheorie"

Die wohl herrschende Lehre, die im Lotus-Urteil des Ständigen Internationalen Gerichtshofs[2] zum Ausdruck gelangte, geht davon aus, daß die originäre Souveränität den Staaten umfassende Handlungsfreiheit verleiht, bis sie an die Schranken des Völkerrechts stoßen[3]. Nach

[2] Entscheidungen des StIGH, hrsgg. vom Institut für Internationales Recht in Kiel, Bd. 5, 1927, S. 71 ff., 90.

[3] Vgl. auch *Fitzmaurice*, The Problem of Non Liquet, in: La Communauté internationale, Mélanges Rousseau, 1964, S. 89 ff.; *H. Lauterpacht*, Some Observations on the Prohibition of „Non Liquet" and the Completeness of Law, in: Symbolae Verzijl 1958, S. 196 ff.; *Meessen*, Völkerrechtliche Grundsätze des internationalen Kartellrechts, 1975, S. 74 ff.; *G. Schwarzenberger*, A Manual of International Law, 5. Aufl. 1967, S. 245; *Siorat*, Le problème des lacunes en droit international, 1959; *Stone*, Non Liquet and the Function of Law in the International Community, BYIL 35, 1959, S. 124; *Verdross / Simma*, Universelles Völkerrecht, 1975, S. 313.

Zum folgenden vgl. insbesondere *Bleckmann*, Die Handlungsfreiheit der Staaten, System und Struktur der Völkerrechtsordnung, Österr. Zeitschrift f. öffentliches Recht 29, 1978, S. 173 ff.; ders., Die Aufgaben einer Methodenlehre des Völkerrechts, Probleme der Rechtsquellenlehre im Völkerrecht, 1978, S. 33 ff.

dieser Konzeption bedürfen die Staaten für ihr Handeln eines jeweils besonderen völkerrechtlichen Rechtstitels nicht. Sie können alles tun und unterlassen, was das Völkerrecht nicht ausdrücklich verbietet. Auf die internationale Zuständigkeit für Rechtsstreitigkeiten bezogen, kann die Bundesrepublik nach dieser Konzeption auch die Beziehungen von Individuen zu fremden Staaten und internationalen Organisationen gesetzlich regeln und ihrer Rechtsprechungsgewalt unterwerfen, soweit das Völkerrecht dies nicht ausdrücklich verbietet. Diese Konzeption führt also zu einer bestimmten rechtlichen Beweislast: Grundsätzlich hat die Bundesrepublik Deutschland eine umfassende Gesetzgebungs- und Rechtsprechungsgewalt. Ausnahmen von diesem Grundsatz müssen durch *besondere* Rechtssätze des Völkerrechts nachgewiesen werden, die nach der in Art. 38 der Satzung des IGH-Statuts festgelegten völkerrechtlichen Rechtsquellenlehre grundsätzlich nur durch Vertrag, Völkergewohnheitsrecht und allgemeine Rechtsgrundsätze begründet werden können. Folglich wäre auf der Völkerrechtsebene eine Immunität internationaler Organisationen nur anzunehmen, wenn und soweit ein Rechtssatz des Vertragsrechts, des Völkergewohnheitsrechts oder ein allgemeiner Rechtsgrundsatz diese Immunität zweifelsfrei begründet.

2. Die internationale Zuständigkeit nach der „Kompetenztheorie"

Die im Vordringen begriffene „Kompetenztheorie" kehrt dieses Regel-Ausnahmeverhältnis in sein Gegenteil um[4]. Insbesondere nach der von *Hans Kelsen*[5] vertretenen „Delegationstheorie" leiten sich alle staatlichen Kompetenzen von der Völkerrechtsordnung ab. Die Staaten können also nur handeln, wenn und soweit ihnen die Völkerrechtsordnung, d. h. Verträge, Völkergewohnheitsrecht und allgemeine Rechtsgrundsätze besondere Titel zum Handeln ausdrücklich zuweisen. Nicht die Ausnahmen von der internationalen Zuständigkeit der Staaten, also etwa die Immunitätsregeln, wären zu beweisen, sondern umgekehrt die internationale Zuständigkeit der Staaten selbst. Wie im folgenden dargelegt werden wird, ist es aber genauso schwierig, die Immunitätsregeln für internationale Organisationen aus dem allgemeinen Völkerrecht abzuleiten, wie die Zuständigkeit der Staaten aus dem allgemeinen Völkerrecht zu beweisen, über Rechtsverhältnisse zwischen Bediensteten internationaler Organisationen und ihren Organisationen zu entscheiden. Die beiden dargelegten Vermutungssysteme legen also weitgehend die Entscheidung über den Rechtsstreit fest.

---

[4] Dazu *Bleckmann,* Die Handlungsfreiheit der Staaten (Anm. 3), m. w. N.; vgl. vor allem auch *Nguyen Quoc Dinh,* Droit international public, 1975, S. 356.

[5] Dazu *Bleckmann,* Die Handlungsfreiheit der Staaten (Anm. 3).

3. Abwägung zwischen der Souveränitäts- und der Kompetenztheorie

Die Entscheidung über das eine oder andere Vermutungssystem kann nicht — wie dies bei *Kelsen* aufgrund der Entscheidung für den Monismus geschieht — a priori gefällt werden. Auch hierfür ist vielmehr das Völkergewohnheitsrecht heranzuziehen.

a) Hier ist zunächst zu beachten, daß die Delegationstheorie von *Kelsen* von der Literatur und Rechtsprechung nicht übernommen worden ist. Das gilt insbesondere auch für das dem Delegationsgedanken zugrunde liegende monistische System des Verhältnisses des Völkerrechts zum Landesrecht. Insbesondere die deutschen Gerichte gehen weiterhin mit der Transformationslehre in Übereinstimmung mit der Lehre *Triepels*[6] vom Dualismus von Völkerrecht und Landesrecht aus[7]. Nach diesem System kann aber die Hoheitsgewalt der Staaten nicht vom Völkerrecht abgeleitet sein. Eine solche Ableitung setzt in der Tat das monistische System voraus, nach dem die Völkerrechtsordnung auf einer Grundnorm (pacta sunt servanda oder Effektivitätsprinzip) beruht, aus der sich die Rechtsquellen des Völkerrechts ableiten lassen; diese Rechtsquellen tragen ihrerseits wiederum das gesamte Völkerrecht, das die Existenz und die Kompetenzen der Staaten (Gebiets- und Personalhoheit) begründet. Das von der herrschenden Lehre und der — insbesondere deutschen — Rechtsprechung vertretene dualistische System geht dagegen notwendig davon aus, daß der Staat aus sich selbst heraus existiert und damit originäre eigene Hoheitsgewalt besitzt, die sich nicht vom Völkerrecht ableitet. Das dualistische System, das im Völkergewohnheitsrecht verankert ist, setzt also die originäre Hoheitsgewalt der Staaten und damit die umfassende Handlungsfreiheit voraus.

b) Überdies ergibt sich aus der Delegationstheorie von *Kelsen* nicht notwendig eine Umkehrung des dargelegten Vermutungssystems. In der Tat erscheint es möglich, daß das Völkerrecht den Staaten nicht nur beschränkte Kompetenzen, sondern die umfassende Souveränität, d. h. die völlige Handlungsfreiheit einräumt, die nur ihre Grenzen in den Verboten des Völkerrechts findet.

c) Die endgültige Entscheidung über diese Vermutungssysteme kann nur gefällt werden, wenn man untersucht, ob die positive Völkerrechtsordnung in der betreffenden Materie vom Grundsatz der Handlungsfreiheit der Staaten oder von der Kompetenztheorie ausgeht[8]. Für das Völkerrecht war historisch gesehen nie umstritten, daß die Staatsgewalt des Forums grundsätzlich alle Streitigkeiten, an dem ein fremder Staat

---

[6] *Triepel*, Völkerrecht und Landesrecht, 1892.

[7] Vgl. die Literatur und Rechtsprechung bei *Bleckmann*, Grundgesetz und Völkerrecht, 1975, S. 277.

[8] *Bleckmann*, Die Handlungsfreiheit der Staaten (Anm. 3).

beteiligt ist, umfaßte[9]. Soweit historisch die umgekehrte These von der absoluten Immunität der Staaten vertreten wurde[10], war sie als Ausnahme von dem allgemeinen Grundsatz gedeutet worden. Dieser Ausnahmecharakter der Immunität trat auch in der neueren Entwicklung des Immunitätsrechts deutlich zutage: Gefragt wurde nur, ob die Immunität der Staaten sich auch heute noch auf alle seine Akte beziehe. Wenn dies mit der beschränkten Immunitätstheorie nicht der Fall ist, wurde implizit die internationale Zuständigkeit des betreffenden Forumsstaates automatisch bejaht[11]. Eine besondere Begründung dieser internationalen Zuständigkeit wurde nicht für notwendig gehalten, offensichtlich weil man allgemein davon ausging, daß das Prinzip der staatumfassend enthielt.

4. Regel und Ausnahme: Gebietshoheit und Immunität

Die vorangehenden Ausführungen über die Regel der Staatenfreiheit und die Ausnahme der Immunität stehen auch der umgekehrten Auffassung entgegen, daß die Regel die Immunität der Staaten sei und die internationale Zuständigkeit des Forumsstaates besonders begründet werden müsse oder gar der Theorie, nach der die Staatenimmunität und die umfassende Hoheitsgewalt der Staaten zwei Grundprinzipien der Völkerrechtsordnung seien, zwischen denen ein Verhältnis der Regel zur Ausnahme nicht bestehe[12].

Die herrschende Lehre muß überdies schon deswegen davon ausgehen, daß die Immunität die Ausnahme von der Gebietshoheit darstellt, weil sie sonst nicht begründen kann, daß das Völkergewohnheitsrecht nur eine beschränkte Staatsimmunität trägt. Auszugehen ist von der Tatsache, daß heute zwar die meisten Staaten der Welt der These von der beschränkten Staatsimmunität folgen, daß aber etwa der Ostblock weiterhin die absolute Staatsimmunität vertritt. Es besteht also eine widersprüchliche Staatenpraxis, die einen Satz des Völkergewohnheitsrechts nach der herrschenden Lehre nicht tragen kann. Unter dieser Voraussetzung gelangt man nur bei folgenden Annahmen zu Völkergewohnheitsrecht: Ist die Regel die Gebietshoheit, die Ausnahme die Staatenimmunität, greift das Prinzip des gemeinsamen Minimums, d. h. die Tatsache ein, daß alle Staaten der Welt *zumindest* für acta iure

---

[9] Vgl. *Verdross / Simma* (Anm. 3), S. 565.

[10] Dazu *Bishop,* New United States Policy Limiting Sovereign Immunity, AJIL 47, 1953, S. 93 ff.; *Seidl-Hohenveldern,* Völkerrecht, 3. Aufl. 1975, S. 259 f.

[11] Vgl. dazu *Bleckmann,* Die Handlungsfreiheit der Staaten (Anm. 3) m.w.N.

[12] Zum Verhältnis der Souveränität des Gebietsstaates zur Souveränität des Drittstaates, dem Immunität gewährt werden soll, vgl. *Schaumann,* Die Immunität ausländischer Staaten nach Völkerrecht, Berichte der Deutschen Gesellschaft für Völkerrecht, H. 8, 1968, S. 24 ff.

imperii Immunität gewähren. Insoweit besteht ein Völkerrechtssatz; im übrigen *bleibt* es nach dem Verhältnis von Ausnahme und Regel bei der *Gebietshoheit* des Forumsstaates. Geht man dagegen von der Immunität als Regel aus, ist die Gebietshoheit besonders zu beweisen. Hier kann man nicht auf die Regel des gemeinsamen Minimums zurückgreifen. Dieses Verhältnis von Regel und Ausnahme führt vielmehr notwendig zur absoluten Immunität, da die Ausnahme der Gebietshoheit für acta iure gestionis wegen der Widersprüchlichkeit der Praxis nicht bewiesen werden kann.

Aber auch die neben dem Rückgriff auf das gemeinsame Minimum vertretene These, die absolute Staatenimmunität sei zu einem Zeitpunkt entwickelt worden, als die Staaten noch keine Wirtschaftstätigkeit trieben, die absolute Immunität könne deshalb die Wirtschaftstätigkeit nicht erfassen, mit der Ausweitung der Wirtschaftstätigkeit zeige sich der wahre Charakter der „absoluten" Immunität als nur *beschränkte* Immunität, setzt offensichtlich als Regel die Gebietshoheit voraus, von welcher die Immunität nur eine Ausnahme begründet.

5. Die internationale Zuständigkeit der Bundesrepublik Deutschland aufgrund der Gebietshoheit

Nach den bisherigen Ausführungen gestattet der Grundsatz der Staatenfreiheit der Bundesrepublik Deutschland grundsätzlich, Streitigkeiten zwischen internationalen Beamten und ihrer Dienstbehörde der deutschen Gerichtsbarkeit zu unterwerfen; Ausnahmen der Immunität sind aufgrund der Rechtsquellen des Völkerrechts zweifelsfrei besonders nachzuweisen. Selbst wenn man aber von der Kompetenztheorie ausgeht, so gelangt man im vorliegenden Fall zu keinem anderen Ergebnis, da nach Völkergewohnheitsrecht die Staaten zumindest die Gebietshoheit und die Personalhoheit besitzen und Streitigkeiten zwischen einem auf deutschem Boden beschäftigten Beamten mit seiner internationalen Organisation unter die deutsche Gebietshoheit fallen:

a) Die *Personalhoheit* des Staates ist die Kompetenz, die rechtliche Stellung seiner Staatsangehörigen im Ausland einseitig-hoheitlich zu regeln[13]. Obwohl der Kläger die deutsche Staatsangehörigkeit besitzt, fällt eine Rechtsstreitigkeit zwischen dem Kläger und Eurocontrol aus dem doppelten Grunde nicht unter die deutsche Personalhoheit, weil es sich hier um ein Rechtsverhältnis auf deutschem Boden und nicht um die Rechtsstellung des Klägers im Ausland handelt und die Personalhoheit nur die Rechtsbeziehungen des Staatsangehörigen zum Heimatstaat, nicht die Rechtsbeziehungen des Staatsangehörigen zu einem

---

[13] Zur Definition der Personalhoheit vgl. *Bleckmann*, The Personal jurisdiction of the European Community, CMLR 1979, S. 435.

fremden Staat, also auch nicht zu einer internationalen Organisation erfaßt. Die Regeln über den diplomatischen Schutz können nicht herangezogen werden, obwohl der diplomatische Schutz in der Personalhoheit des den Schutz anwendenden Staates begründet ist, weil die Regeln über den diplomatischen Schutz keine einseitige Regelung des Rechtsverhältnisses des Staatsangehörigen zum fremden Staat und zu einer internationalen Organisation gestatten und überdies durch das Handeln von Eurocontrol höchstens die dem Kläger aus dem Völkerrecht unmittelbar zustehenden Rechte, nicht aber Rechte der Bundesrepublik Deutschland verletzt werden[14].

b) Dagegen fällt das Rechtsverhältnis zwischen dem Kläger und Eurocontrol unter die deutsche Gebietshoheit. Entscheidend für die Unterordnung eines Rechtsverhältnisses unter die Gebietshoheit kommt es, wie die Lehre und Rechtsprechung im internationalen Enteignungsrecht[15] und im internationalen Strafrecht[16] gezeigt haben, auf die *Belegenheit* des Rechtsverhältnisses, der Sache oder der Handlung an. Dabei kann es dahingestellt bleiben, ob der Sitz der Beklagten Brüssel oder die Agentur in Karlsruhe ist. Denn schon im internationalen Enteignungsrecht ist die Regel, daß ein Schuldverhältnis am Sitz des Schuldners belegen ist, nicht unumstritten; ein Teil der Lehre und Rechtsprechung stellt auch hier auf den Sitz des Gläubigers ab[17]. Die Regel, daß es bei einer Enteignung von Schuldverhältnissen allein auf den Sitz des Schuldners ankomme, beruht dabei auf der Tatsache, daß nur bei einer klaren Zuständigkeitsregelung die Wirkung der Enteignung Drittstaaten entgegengehalten werden kann. Eine solche echte Zuständigkeitsabgrenzung, nach welcher jeweils nur ein Staat kompetent ist, bleibt aber im Völkerrecht eine seltene Ausnahme. In der Regel hat sich die Völkerrechtsordnung auch insoweit nicht zu einer echten Kompetenzordnung entwickelt. Die aus der Gebiets-, Personal- und Organisationshoheit (compétence relative aux services publics) fließenden Kompetenzen überschneiden sich vielmehr vielfältig, es handelt sich in der Regel um konkurrierende Kompetenzen. Wie das internationale

---

[14] Wegen der Mediatisierung der Individuen durch die Staaten werden die völkerrechtlichen Rechte der Individuen grundsätzlich ihren Heimatstaaten zugeschrieben; begründet die Völkerrechtsordnung aber wie bei internationalen Beamten eine *selbständige* völkerrechtliche Rechtsstellung des Individuums, kann der Heimatstaat die Verletzung dieser Rechtsstellung wahrscheinlich nicht geltend machen.

[15] Vgl. *Seidl-Hohenveldern,* Internationales Konfiskations- und Enteignungsrecht, 1952, S. 83 ff., insbesondere S. 88 ff.

[16] Vgl. *Schönke / Schröder,* Strafgesetzbuch — Kommentar, 20. Aufl. 1980, §§ 3 - 7 Vorbem. Rdnr. 4 m. w. N.

[17] Vgl. *Seidl-Hohenveldern,* Internationales Konfiskations- und Enteignungsrecht (Anm. 15).

Straf-, Steuer-[18], Sozialversicherungs-[19], und insbesondere das internationale Prozeßrecht[20] zeigen, wie aber auch im IPR deutlich wird[21], reicht es für die Belegenheit eines Rechtsverhältnisses einer Sache oder einer Handlung in der Regel aus, daß *irgendeine* nähere Beziehung des Rechtsverhältnisses zum Forumsstaat besteht[22]. Diese Beziehung ist im vorliegenden Fall dadurch gegeben, daß der Kläger von Eurocontrol auf dem Boden der Bundesrepublik Deutschland beschäftigt wird und in der Bundesrepublik wohnt.

II. Ausnahmen von der internationalen Zuständigkeit

Der Grundsatz der Staatenfreiheit, der die internationale Zuständigkeit der Bundesrepublik Deutschland im vorliegenden Fall begründet, wird aber — neben den Immunitätsregeln — durch drei *Ausnahmen* durchbrochen:

1. Zur Notwendigkeit der Beschränkung der unbegrenzten internationalen Zuständigkeit der Staaten

Die nur durch das Völkerrecht begrenzte Handlungsfreiheit würde die Zuständigkeit beinhalten, eine Weltrechtsordnung zu erlassen. Dadurch würde die Kompetenzordnung des Völkerrechts außer Kraft gesetzt. Die internationale Zuständigkeit der Staaten muß also irgendwie begrenzt werden. Das ist einmal „von innen“, zum zweiten „von außen“ möglich:

a) Die Theorie des genuine link

„Von innen“ wird die internationale Zuständigkeit begrenzt, wenn man mit der wohl herrschenden, allerdings nur spärlich vertretenen Lehre[23] annimmt, die Staaten dürften nur Gesetze erlassen und die

---

[18] *Weber-Kluge*, Einführung in das besondere Steuerrecht, Bd. II: Das internationale Steuerrecht der Bundesrepublik Deutschland, 1975, insbesondere S. 28 ff.

[19] *Bleckmann*, Deutsche Rechtsprechung in völkerrechtlichen Fragen, 1971, ZaöRV 32, 1972, S. 583 ff.; ders., Deutsche Rechtsprechung in völkerrechtlichen Fragen 1972, ZaöRV 33, 1973, S. 757 ff.; *Tomuschat*, Rechtsprechung zum Völkerrecht BRD 1958 - 1965, ZaöRV 28, 1968, S. 94.

[20] *Rietzler*, Internationales Zivilprozeßrecht und prozessuales Fremdenrecht, Beiträge zum ausländischen und internationalen Privatrecht 20, 1949.

[21] Dazu *Makarov*, „Internationales Privatrecht und Völkerrecht“, in: Strupp / Schlochauer, Wörterbuch des Völkerrechts, Bd. 2, 1961, S. 129 ff. m. w. N.

[22] Nach der h. L. muß in Anlehnung an den Nottebohm-Fall des IGH (Rep. 1955, S. 4 ff. — dazu *Makarov*, „Nottebohm-Fall“ (Anm. 21), S. 635 m.w.N.) ein „genuine link“ zu dem Staat vorliegen, der die Gesetzgebung erläßt oder das Recht spricht (vgl. *Verdross / Simma* (Anm. 3), S. 571 m. w. N. in Fußn. 29).

[23] Die h. L. (Anm. 22) geht aber nicht eigentlich vom Vorliegen eines objek-

Rechtsprechung ausüben, wenn sie an dem betreffenden Rechtsverhältnis ein *hinreichendes objektives Eigeninteresse* besitzen. So darf die Bundesrepublik Deutschland z. B. nicht Börsengeschäfte zwischen Briten an einer englischen Börse regeln[24]. Dieses Eigeninteresse wird in dem vorliegenden Fall dadurch begründet, daß das Rechtsverhältnis zwischen dem Kläger und Eurocontrol zumindest zum Teil auf deutschem Boden belegen ist, die Bundesrepublik aber ein schützenswertes objektives Eigeninteresse daran hat, daß auf deutschem Boden belegene Rechtsverhältnisse nach rechtsstaatlichen Prinzipien geordnet und entschieden werden.

b) Begrenzung der internationalen Zuständigkeit durch die Zuständigkeit anderer Völkerrechtssubjekte

„Von außen" her wird die internationale Kompetenz der Bundesrepublik Deutschland beschränkt, wenn man annimmt, daß die Zuständigkeit der Staaten so weit reicht, bis sie auf die Zuständigkeit *anderer* Staaten stößt[25].

Im Bernadotte-Fall hat der IGH entschieden[26], daß die UNO — und damit wohl auch die anderen internationalen Organisationen — den diplomatischen Schutz für ihre Bediensteten ausüben kann. Da der diplomatische Schutz an die Verletzung der Personalhoheit anknüpft, hat der IGH damit implizit die Personalhoheit der UNO über ihre Bediensteten anerkannt. Diese — auf das Dienstverhältnis beschränkte — Personalhoheit kommt auch in der Tatsache zum Ausdruck, daß — wie wir später zeigen werden — die internationalen Organisationen das Dienstrecht und die beamtenrechtlichen Verhältnisse einseitig-hoheitlich regeln können. Man könnte also der Auffassung sein, die Gebietshoheit der Bundesrepublik Deutschland finde an der Personalhoheit von Eurocontrol ihre natürliche Grenze, die Gebietshoheit der Bundesrepublik werde durch die Personalhoheit der Eurocontrol ausgeschlossen. Dieser Schluß würde der bisherigen Entwicklung der Kompetenzordnung im Völkerrecht nicht gerecht:

Für das Verhältnis der Personalhoheit internationaler Organisationen zu der Gebietshoheit des Sitzstaates haben sich Völkerrechtsregeln noch nicht entwickelt. Obwohl die Analogie im Völkerrecht umstritten ist[27], wird man auf dieses Verhältnis aber die Regeln anwenden kön-

---

tiven Eigeninteresses, sondern von der Notwendigkeit eines „genuine link" des Sachverhalts zum Staat aus.

[24] Vgl. RGZ 55, 183; ferner die bei *Bleckmann*, Grundgesetz und Völkerrecht (Anm. 7), S. 127 zit. deutsche Rechtsprechung.

[25] RGZ 55, S. 183.

[26] Rep. 1949, S. 184.

[27] Vgl. *Bleckmann*, Die Analogie im Völkerrecht, AVR 17, 1977, S. 161.

nen, die für das Verhältnis der Personalhoheit des Heimatstaates zur Gebietshoheit des Aufenthaltsstaates entwickelt worden sind.

aa) Grundsätzlich wird man davon ausgehen dürfen, daß der Aufenthaltsstaat durch seine auf der Gebietshoheit beruhenden Regelung der Rechtsstellung der Fremden die Ausländer nicht in Konflikt zu ihrer Heimatrechtsordnung bringen darf[28]. Auf die internationalen Organisationen übertragen bedeutet das, daß die Bundesrepublik Deutschland durch ihre Gesetzgebung den Beamten von Eurocontrol keine Pflichten auferlegen darf, die sie zu einer Verletzung ihrer Loyalitätspflicht[29] gegenüber Eurocontrol veranlassen könnten. Eine solche Situation wird aber durch die Eröffnung des deutschen Rechtswegs für Streitigkeiten zwischen Eurocontrol und ihren Bediensteten offensichtlich nicht geschaffen. Dabei ist hervorzuheben, daß auch dieser Völkerrechtssatz grundsätzlich — dem Stand der Entwicklung der internationalen Kompetenzordnung entsprechend — von einer Doppelzuständigkeit des Aufenthalts- und des Heimatstaates ausgeht und nur bei der Ausübung der Gebietshoheit dem Aufenthaltsstaat materiell-rechtliche Grenzen zieht. Die Kompetenz der Bundesrepublik wird also durch diese Regel nicht berührt.

bb) Geht man davon aus, daß die Hoheitsgewalt der Staaten über ihre Schiffe auf dem Hohen Meer, im Küstengewässer und in den Häfen[30] fremder Staaten ebenfalls auf der Personalhoheit beruht[31], stößt bei der Durchfahrt durch fremde Gewässer die Personalhoheit des Staates, in dem das Schiff registriert ist, mit der Gebietshoheit des Aufenthaltsstaates zusammen. Das Völkerrecht hat für die Abgrenzung beider Hoheitsgewalten eine Reihe von Regeln entwickelt[32], die sich dahin zusammenfassen lassen, daß die Gebietshoheit bei der Durchfahrt durch das Küstengewässer auf die Regelung der Durchfahrt und Rechtsverhältnisse beschränkt ist, die sich auf die Rechtsordnung des Küstenstaates auswirken, daß die Gebietshoheit aber mit dem Maße des Kontakts zum Gebiet des Aufenthaltsstaates, also im Falle des Aufenthalts in Häfen, kontinuierlich anwächst, bis im Binnenschiffahrtsverkehr die volle Gebietshoheit eingreift. Diese Regeln sind aber schon deshalb nicht analog auf das Verhältnis der Personalhoheit internationaler Organisationen zur Gebietshoheit des Sitzstaates anwendbar, weil die Beschrän-

---

28 Vgl. *Verdross / Simma* (Anm. 3), S. 595 f.

29 Zur Loyalitätspflicht der internationalen Beamten gegenüber ihrer Organisation siehe *Horst Herzog*, Doppelte Loyalität, 1975, S. 50 ff.; *Heinrich Getz / Heinrich Jüttner*, Personal in internationalen Organisationen, 1972, S. 153 ff.

30 Vgl. *Dahm*, Völkerrecht, Bd. I, 1958, S. 641 ff.

31 Vgl. *Bleckmann*, The Personal Jurisdiction of the European Community (Anm. 13).

32 Vgl. *Dahm* (Anm. 30).

kung der Gebietshoheit im Küstenmeer und in den Häfen ihren Grund in der freien friedlichen Durchfahrt durch das Küstenmeer findet, welche die Personalhoheit über die Schiffe von der Gebietshoheit des Aufenthaltsstaates abschirmt[33]. Überdies zeigt gerade dieses Beispiel deutlich, daß, wenn das Rechtsverhältnis ganz auf dem Gebiet des Aufenthaltsstaates belegen ist, sich die Gebietshoheit des Aufenthaltsstaates gegenüber der Personalhoheit voll durchsetzt. Bei den auf dem Gebiet der Bundesrepublik belegenen Rechtsverhältnissen der Bediensteten von Eurocontrol greift die Gebietshoheit der Bundesrepublik deshalb in vollem Umfang ein.

2. Unzuständigkeit der Staaten für die Regelung „reiner Völkerrechtsverhältnisse"

Im Rahmen der Theorie der unmittelbaren Anwendbarkeit völkerrechtlicher Verträge im deutschen Recht[34] wird die Auffassung vertreten, Vertragsbestimmungen, welche reine Völkerrechtsverhältnisse regeln, würden durch das deutsche Zustimmungsgesetz nicht in nationales Recht transformiert. Dieser Theorie liegt die Auffassung zugrunde, daß die Staaten aufgrund ihrer Hoheitsgewalt *reine Völkerrechtsverhältnisse* nicht einseitig regeln können. So ist es z. B. ausgeschlossen, daß die Bundesrepublik Deutschland die Völkerrechtsbeziehungen zu einem anderen Staat, zwischen zwei fremden Staaten, zwischen zwei internationalen Organisationen, zwischen einer internationalen Organisation und einem Staat oder zwischen Organen einer internationalen Organisation durch Gesetz oder Rechtsprechung regelt. Diese Beschränkung der Hoheitsgewalt der Staaten beruht auf der Natur der Sache, auf der Tatsache, daß die staatlichen Gesetze und Urteile keine Völkerrechtsquellen sind, die solche Rechtsverhältnisse verbindlich regeln könnten, auf der Tatsache, daß das Völkerrecht für solche Rechtsverhältnisse ausschließliche Streitbeilegungsregeln zur Verfügung stellt, auf Völkergewohnheitsrecht, weil die Staaten im Bewußtsein der Rechtsverbindlichkeit in ständiger Übung die Regelung solcher Rechtsverhältnisse unterlassen haben.

So sicher dieser Rechtssatz aber für die oben aufgeführten reinen Völkerrechtsverhältnisse gilt, so unklar ist die Rechtslage bei den Beziehungen der internationalen Organisationen zu ihren Bediensteten[35].

---

[33] Ebenda.

[34] Vgl. *Bleckmann*, Begriff und Kriterien der innerstaatlichen Anwendbarkeit völkerrechtlicher Verträge, 1970, S. 241.

[35] Die weiter unten (Anm. 65) zitierten italienischen Gerichte gehen aber offensichtlich von einer solchen ausschließlichen Zuständigkeit der internationalen Organisationen zur Regelung der Beziehungen zu ihren Bediensteten aus. Dafür fehlt es aber an der notwendigen Norm des Völkergewohnheitsrechts.

Hier ist zunächst hervorzuheben, daß es sich bei dem Rechtsverhältnis zwischen fremden Staaten zu ihren Gewaltunterworfenen um innerstaatliche und nicht um reine Völkerrechtsverhältnisse handelt und daß auch die Rechtsbeziehungen zwischen den internationalen Organisationen und ihren Bediensteten nicht eigentlich dem Völkerrecht, sondern dem — sich dem innerstaatlichen Recht annähernden — internen Staatengemeinschaftsrecht[36] zuzuordnen sind. Obwohl in der neuen Literatur die Möglichkeit einer partiellen Völkerrechtssubjektivität der Individuen immer stärker betont wird[37], bleiben die Individuen doch weitgehend durch die Staaten — und wie im vorliegenden Fall durch die internationalen Organisationen — mediatisiert, der Verfügungsgewalt der Staaten unterworfen[38]. Deshalb und weil zumindest die Privatrechtsverhältnisse der Organisationen zu Individuen nicht dem Völkerrecht unterliegen, wird man das Rechtsverhältnis zwischen den internationalen Organisationen und ihren Bediensteten nicht als reines Völkerrechtsverhältnis definieren können, das der Natur der Sache nach der internationalen Zuständigkeit der Bundesrepublik Deutschland entzogen ist.

Bei einer näheren Analyse der Fälle, in denen das Völkerrecht den Individuen, den Staaten und internationalen Organisationen gegenüber eine völkerrechtliche Rechtsstellung einräumt, zeigt sich, daß diese Mediatisierung der Individuen durch die Staaten bisher verhindert hat, die so begründeten Völkerrechtsverhältnisse zwischen Individuen und Staat als reine völkerrechtliche Rechtsverhältnisse im obigen Sinne aufzufassen, welche der Rechtsprechung der Staaten nicht unterliegen:

a) Beginnen wir mit der Tatsache, daß nach Völkerrecht See- und Luftpiraten „vogelfrei" sind, dem Zugriff und der Aburteilung durch alle Staaten der Welt unterliegen. Nach der herrschenden Lehre begründen diese völkerrechtlichen Rechtssätze unmittelbare Völkerrechtsverhältnisse zwischen den Piraten und den Staaten. Bei näherer Betrachtung ist diese Konzeption aber recht fragwürdig: Man kann ebenso gut annehmen, daß diese Rechtssätze durch die Rechtsordnung des zugreifenden Staates in nationales Recht dieses Staates transformiert worden sind und in dieser Form auf die Piraten angewendet werden. Nach deutscher Konzeption können die Piraten überdies nur aufgrund eines nationalen Strafgesetzes bestraft werden, das im Gegensatz zum Völkerrecht den Tatbestand und die Rechtsfolge eindeutig festlegt. Auf

---

[36] Vgl. *Bernhardt / Miehsler*, Qualifikation und Anwendungsbereich des internen Rechts internationaler Organisationen, 1971; und neuerdings *Meng*, Das Recht der internationalen Organisationen, Eine Entwicklungsstufe des Völkerrechts, 1979.

[37] Vgl. *Verdross / Simma* (Anm. 3), S. 219 ff. m. w. N.

[38] Siehe oben Anm. 36.

jeden Fall ist dieses Völkerrechtsverhältnis der Regelung durch den zugreifenden Staat eben nicht entzogen; ganz im Gegenteil geht das Völkerrecht davon aus, daß der Pirat der Hoheitsgewalt des zugreifenden Staates und damit auch seiner Rechtsprechung unterworfen ist.

b) Genauso ist die Lage im Kriegsvölkerrecht. Auch dieses Recht begründet nach der herrschenden Lehre ein Völkerrechtsverhältnis zwischen den Individuen des kriegsführenden Staates A und dem auf der anderen Seite stehenden kriegsführenden Staat B. Auch hier kann man einerseits davon ausgehen, daß das Kriegsvölkerrecht durch die Rechtsordnung des Staates B in dessen Rechtsordnung transformiert wurde und in dieser Form auf die Soldaten von A angewendet wird. Auf jeden Fall gestattet das Kriegsvölkerrecht ausdrücklich die gerichtliche Beurteilung dieses Rechtsverhältnisses durch den Staat B.

c) Als dritte Kategorie ist die Tatsache hervorzuheben, daß nach den Verträgen nach dem 1. Weltkrieg die Angehörigen der Alliierten und der Neutralen das Deutsche Reich unmittelbar vor internationalen Schiedsgerichten verklagen konnten. Die Kläger hatten damit nicht nur eine prozeßrechtliche Völkerrechtsstellung erlangt; auch das materielle Rechtsverhältnis bestand nunmehr notwendig unmittelbar völkerrechtlich zwischen den Individuen und dem Deutschen Reich. Trotzdem bestand auch hier kein Zweifel daran, daß — soweit die Gerichtsbarkeit der internationalen Schiedsgerichte nicht ausschließlich war — das durch das deutsche Recht transformierte Völkerrechtsverhältnis zwischen den fremden Individuen und dem Deutschen Reich vor deutschen Gerichten eingeklagt werden konnte.

d) In neuerer Zeit hat die EMRK den Individuen völkerrechtliche Grundrechte gegen die Mitgliedstaaten verliehen und den Individuen eine völkerrechtliche Beschwerdemöglichkeit vor der Kommission, also auch eine prozeßrechtliche Rechtsstellung eingeräumt. Trotzdem besteht kein Zweifel daran — setzt im Gegenteil Art. 13 der EMRK voraus —, daß die EMRK in nationales Recht transformiert worden ist und die daraus entstehenden Streitigkeiten zunächst in die Zuständigkeit der nationalen Gerichte fallen (Erschöpfung des nationalen Rechtswegs).

e) Aus diesen Beispielen läßt sich die allgemeine Regel entwickeln, daß auch die völkerrechtlichen Rechtsverhältnisse der Individuen zu den Staaten und internationalen Organisationen wegen der Mediatisierung der Individuen durch die Staaten noch der nationalen Gerichtsbarkeit unterliegen, soweit auf der völkerrechtlichen Ebene nicht ausschließlich zuständige Gerichte begründet worden sind. Wie wir im folgenden aber zeigen werden, darf der deutsche Richter die ausschließliche Zuständigkeit des Verwaltungsgerichts der ILO aus einer ganzen Reihe von Gründen nicht beachten.

f) In Anwendung dieser Regel gelangt man notwendig zu dem Ergebnis, daß auf diese Rechtsverhältnisse bei der Belegenheit des Arbeitsverhältnisses in der Bundesrepublik Deutschland das *deutsche* Recht anwendbar ist, wenn die internationale Organisation ihre Beamtenverhältnisse nicht durch eigene Normen geregelt hat. Wenn diese Rechtsverhältnisse dagegen durch den durch Zustimmung des deutschen Parlaments in deutsches Recht transformierten Eurocontrol-Vertrag geregelt würden, würde der deutsche Richter das Verwaltungsstatut des Personals als deutsche *Norm* auf die Arbeitsverhältnisse anwenden können. Das Rechtsverhältnis zwischen Eurocontrol und ihren Beamten nur deshalb als ein nicht in die Zuständigkeit des deutschen Richters fallendes reines Völkerrechtsverhältnis zu qualifizieren, weil das Verwaltungsstatut für festangestelltes Personal der Agentur von Eurocontrol, wie wir im folgenden zeigen werden, nicht in deutsches Recht transformiert worden ist und vom deutschen Richter deshalb als *Norm* an sich nicht angewendet werden kann, scheint mir nicht möglich zu sein. Denn das führte zu dem absurden Ergebnis, daß die reine Völkerrechtsqualität dieses Rechtsverhältnisses, gerade wenn ein eindeutig völkerrechtlicher Vertrag das Rechtsverhältnis regelt, abzulehnen wäre, während die reine Völkerrechtsqualität zu bejahen wäre, wenn das Rechtsverhältnis nicht eigentlich durch Völkerrecht, sondern durch internes Staatengemeinschaftsrecht geregelt wird. Allerdings führt eine solche Konstruktion zu unlösbaren rechtlichen Schwierigkeiten, weil der deutsche Richter dann offensichtlich auf die Rechtsverhältnisse nur deutsches Recht anwenden könnte, das zu ganz anderen Ergebnissen führen könnte wie das Personalstatut von Eurocontrol. Deshalb neige ich zu der weiter unten entwickelten Konstruktion; das Verwaltungsstatut ist vom deutschen Richter *als Bestandteil des (privatrechtlichen) Anstellungsvertrags* insoweit anzuwenden, als es nicht — wie die Art. 92 und 93 über die Zuständigkeit des Verwaltungsgerichts der ILO — gegen die Satzung von Eurocontrol und gegen deutsches Verfassungsrecht verstößt.

Bei den vorangehenden Untersuchungen stützten wir uns auf die Tatsache, daß auch die unmittelbar durch das Völkerrecht begründete Rechtsstellung des Individuums, also auch des internationalen Beamten, die Unterwerfung unter die nationale Gerichtsbarkeit nicht aufhebt. Nun ist an den internationalen Beamtenverhältnissen auf der Gegenseite auch die internationale Organisation beteiligt. Die Frage, ob die völkerrechtliche Rechtsstellung der internationalen Organisation der nationalen Gerichtsbarkeit entzogen ist, bleibt aber im Rahmen der weiter unten abgehandelten Frage nach der Immunität internationaler Organisationen zu untersuchen.

g) Überdies bleibt anzumerken, daß die Staaten auch reine Völkerrechtsverhältnisse insoweit regeln können, als es sich um das völkerrechtsmäßige Verhalten ihrer *eigenen* Behörden und Bürger handelt; diese Kompetenz zum Vollzug des Völkerrechts wird vom Völkerrecht, das auf den Vollzug in der staatlichen Rechtsordnung angewiesen ist, geradezu vorausgesetzt[39]. Außerdem darf der nationale Richter die Völkerrechtsbeziehung zwischen Staaten als *Vorfrage* beurteilen. Das zeigt, daß die Regel der Unzuständigkeit der nationalen Gerichte für reine Völkerrechtsfragen durch zahlreiche Ausnahmen durchbrochen wird.

[39] So regeln die Staaten etwa die Immunität, das allgemeine Kriegsvölkerrecht und das völkerrechtliche Fremdenrecht häufig durch einseitige Gesetze.

B. Die Regelung der Immunität im Eurocontrol-Vertrag

Der Eurocontrol-Vertrag (BGBl. 1962 II, S. 2273) enthält in den Art. 21 ff. eine Regelung der Immunität, die in zahlreichen Punkten von den üblichen Immunitätsregeln internationaler Organisationen abweicht:

1. Positiv gewährleistet werden in Art. 21 die steuerliche Immunität der Organisation, in Art. 22 die Immunität der Organisation von den Zollvorschriften, in Art. 26 eine (beschränkte) Immunität von Anlagen und Archiven der Organisation. Bezeichnenderweise fehlt im Eurocontrol-Vertrag die etwa im Recht der UNO-Familie übliche[40] umfassende Befreiung von jeglicher nationaler Gerichtsbarkeit oder eine Immunität der Tätigkeit der Organisation, soweit es die Funktionen der Organisation erfordern. Da offensichtlich die Art. 21 ff. eine bewußte, abgewogene Regelung der Immunität enthalten, ist der Schluß gestattet, für ihre Tätigkeit solle Eurocontrol eine gerichtliche Immunität nicht zustehen.

2. Auf der anderen Seite wird die Eurocontrol durch ihre Satzung entgegen den Immunitätsbestimmungen der anderen internationalen Organisationen hinsichtlich breiter Bereiche ihrer Tätigkeit bewußt der zuständige nationalen Gesetzgebung und Rechtsprechung unterstellt. So ergibt sich etwa aus Art. 23 II mit aller Deutlichkeit, daß Eurocontrol den devisenrechtlichen Bestimmungen der Mitgliedstaaten unterworfen ist. Art. 26 läßt ausdrücklich nationale gerichtliche Zwangsvollstreckungsmaßnahmen gegen das Eigentum und die Vermögenswerte der Organisation zu — und zwar offensichtlich auch dann, wenn dieses Eigentum und diese Vermögenswerte den „öffentlichen" Zwecken der Organisation dienen und damit öffentliche Sachen im deutschrechtlichen Sinne sind; eine ganz ungewöhnliche Regelung der Immunität gegen Zwangsvollstreckungen[41]. Damit wird in aller Deutlichkeit klargestellt, daß die Tätigkeit der Organisation, selbst wenn sie öffentliche Interessen verfolgt, durch die Satzung der Immunität entzogen ist.

3. Daß die „öffentliche" Tätigkeit der Eurocontrol keine Immunität genießt, folgt aber nicht nur aus Art. 26 und der Tatsache, daß die offensichtlich systematisch durchgearbeitete Immunitätsregelung des Eurocontrol-Vertrages die bei Immunitätsregelungen üblichen, den Ver-

---

40 Siehe *Bleckmann*, Grundgesetz und Völkerrecht (Anm. 7), S. 164.

41 Vgl. dazu *Dahm* (Anm. 30), S. 238 ff.

tragsgründern bekannten Vorbilder anderer internationaler Organisationen bewußt verläßt und die Immunität der Tätigkeit von Eurocontrol nicht ausdrücklich vorsieht. Daß die Tätigkeit der Eurocontrol keine Immunität genießen sollte, ergibt sich vielmehr auch aus einer Reihe von anderen Bestimmungen:

a) Nach Art. 4 des Vertrages besitzt Eurocontrol die innerstaatliche Rechtspersönlichkeit; sie kann vor allem bewegliche und unbewegliche Sachen erwerben und vor Gericht vertreten. Nach Art. 25 I gilt für die vertragliche Haftung der Organisation das Recht, das auf den jeweiligen Vertrag anzuwenden ist. Diese Bestimmungen könnten zwar auch dahin ausgelegt werden, daß sie das Handeln der Organisation nur dem materiellen Recht der Mitgliedstaaten unterwerfen. Der Hinweis auf die Gerichtsfähigkeit zeigt aber schon, daß die Organisation zumindest für ihre privatrechtliche Betätigung auch der Gerichtsbarkeit der Mitgliedstaaten unterworfen sein sollte. Im übrigen wird man generell davon ausgehen dürfen, daß — soweit eine internationale Organisation dem materiellen Recht der Mitgliedstaaten unterworfen wird — sie auch der Gerichtsbarkeit der Staaten unterworfen ist[42].

b) In Art. 25 II des Vertrages heißt es:

„Im Bereich der außervertraglichen Haftung ist die Organisation verpflichtet, die durch Verschulden ihrer Organe oder Bediensteten in Ausübung einer dienstlichen Tätigkeit entstandenen Schäden in dem Maße zu ersetzen, wie sie diesen zuzurechnen sind. Andere Schadensersatzansprüche aufgrund des innerstaatlichen Rechts der Vertragsparteien werden hierdurch nicht ausgeschlossen.“

Diese Bestimmung unterwirft damit auch die *dienstliche* Tätigkeit der Organisation und der Bediensteten dem innerstaatlichen Recht und damit, wie das Gutachten von *Seidl-Hohenveldern* richtig annimmt, auch der innerstaatlichen Gerichtsbarkeit. Im Gegensatz zu diesem Gutachten wird damit aber nicht nur ein partieller Bereich geregelt. Die Bestimmung unterwirft vielmehr die *gesamte dienstliche* (öffentliche) Tätigkeit der Organisation der Kontrolle und Rechtmäßigkeitsbeurteilung durch den nationalen Richter. *Sie stellt damit eindeutig klar, daß die öffentliche Tätigkeit von Eurocontrol der Immunität nicht unterfällt.*

c) Die in der internationalen Praxis nicht übliche weitgehende Unterwerfung der öffentlichen Tätigkeit von Eurocontrol unter die Gerichtsbarkeit der Mitgliedstaaten entspricht der Notwendigkeit der Zusammenarbeit der Eurocontrol mit den zuständigen Behörden der Ver-

---

42 Davon geht offensichtlich auch das Gutachten von *Seidl-Hohenveldern* aus.

tragspartner, „um die reibungslose Ausübung der (nationalen) Gerichtsbarkeit zu erleichtern“ (Art. 27).

d) Schließlich ist darauf hinzuweisen, daß nach Art. 27 die gesamte Tätigkeit der Eurocontrol den Polizeivorschriften der Mitgliedstaaten unterworfen ist — ebenfalls seine völlig ungewöhnliche Immunitätsbestimmung.

4. Den bisherigen Ausführungen steht das Urteil des BVerwG vom 16. September 1977[43] nicht entgegen. In der Entscheidung hat das BVerwG die internationale Zuständigkeit der deutschen Gerichte für eine Überprüfung der von Eurocontrol festgesetzten Luftsicherungsgebühren verneint, weil die Bundesrepublik der Eurocontrol die öffentlichen Aufgaben der Luftsicherung und der Gebührenerhebung nach Art. 24 GG übertragen habe. Diese Ermächtigung schließe auch das Recht ein, eine eigene Rechtskontrolle — im vorliegenden Fall die ausschließliche Zuständigkeit belgischer Gerichte — zu begründen. Den eigentlichen Grund für den Ausschluß der deutschen Gerichtsbarkeit scheint das BVerwG dabei in der Tatsache zu sehen, daß Eurocontrol aufgrund der ihr übertragenen Befugnisse die belgischen Gerichte für ausschließlich zuständig erklärt hat.

Allerdings führt das Urteil aus: „Steht aber der Beklagten nach dem Eurocontrol-Vertragswerk ... das Gebührenerhebungsrecht für den oberen Luftraum der Vertragsstaaten und den unteren deutschen Luftraum als übertragenes Hoheitsrecht zu und bilden die von der Beklagten im Raum dieser vertragsgemäßen Kompetenzen erlassenen ‚sekundären‘ Rechtsvorschriften des Agenturbeschlusses eine eigene Rechtsordnung, so folgt daraus zwar noch nicht, daß damit die nationale Rechtsprechungsgewalt von vornherein ausgeschlossen wäre. Im vorliegenden Fall aber hat die Bundesrepublik Deutschland durch ihre Mitwirkung an der Begründung autonomer Hoheitsgewalt der Beklagten auf diese nationale Kontrolle verzichtet. Der vorliegende Fall ist nämlich durch die oben ... hervorgehobene Besonderheit gekennzeichnet, daß alle für die Benutzung des oberen und unteren Luftraumes aller Vertragsstaaten anfallenden Gebühren in Form einer einzigen und einheitlichen Gebühr erhoben werden. Diese im Interesse einer weitestgehenden Vereinheitlichung konzipierte Regelung würde in Frage gestellt, wenn gleichwohl die in solcher Weise vereinheitlichte Gebührenerhebung der unterschiedlichen Rechtskontrolle durch die nach dem verschiedenen nationalstaatlichen Recht zuständigen Gerichte der einzelnen Vertragsstaaten unterworfen wäre. Nichts spricht dafür, daß dies gewollt gewesen ist. Dementsprechend kann denn auch das gemäß Art. 24 Abs. 1 GG ergangene Gesetz nicht nur besagen, daß die Übertragung

[43] BVerwGE 54, 291.

von Hoheitsrechten auf die zwischenstaatliche Einrichtung überhaupt zulässig ist, sondern auch, daß die Maßnahmen der zwischenstaatlichen Einrichtung einer anderen als der jeweiligen nationalen Gerichtsbarkeit aller Vertragsstaaten und damit auch einer anderen als der eigenen Gerichtsbarkeit unterworfen werden dürfen ..."

Es kann dahingestellt bleiben, ob angesichts der umfassenden oben dargestellten Unterwerfung der öffentlichen Tätigkeit der Eurocontrol unter die staatliche Gerichtsbarkeit durch den Eurocontrol-Vertrag die Argumentation aus dem Bedürfnis der Einheitlichkeit der Rechtskontrolle ausreicht, um die nationale Gerichtsbarkeit auszuschließen. Denn auf jeden Fall ist das Urteil auf die Gebührenerhebung der Eurocontrol begrenzt und kann angesichts des Wortlauts der Art. 21 ff. Eurocontrol-Vertrag nicht auf die andere öffentliche Tätigkeit von Eurocontrol ausgedehnt werden.

5. Wenn schon die öffentliche Tätigkeit von Eurocontrol der vollen Kontrolle der nationalen Gerichte unterworfen ist, muß das um so mehr für die personellen, sachlichen und finanziellen *Mittel* der öffentlichen Tätigkeit, also auch für die Beziehungen der Eurocontrol zu ihren Bediensteten gelten. Denn das Recht der internationalen Bediensteten und die Immunität des Rechtsverhältnisses zwischen der internationalen Organisation und ihren Bediensteten wird üblicherweise nicht als *Selbstzweck* begründet, sondern um auf diese Weise indirekt die *Funktionsfähigkeit* der internationalen Organisationen bei ihrer *primären Tätigkeit* — öffentlichen Tätigkeit — nach innen und außen zu schützen. Ergibt eine Analyse des Vertrages, daß der Text des Abkommens diese primären Aufgaben der internationalen Organisation durch Immunitäten nicht schützt, besteht um so weniger ein Grund, diese Funktionsfähigkeit indirekt dadurch zu schützen, daß man das Verhältnis der Bediensteten der internationalen Organisation zu ihrer Behörde einer Immunität unterwirft. Diese Konsequenz spricht Ziff. 5 des Zeichnungsprotokolls denn auch deutlich aus. Es heißt dort in der nach Art. 42 des Vertrages verbindlichen französischen Fassung:

„Rien dans la Convention ni dans les Status y annexés a pour effet de restreindre la compétence des tribunaux nationaux en ce qui concerne les différends opposant l'Organisation et le personnel de l'Agence."

a) Das Gutachten von *Seidl-Hohenveldern* sieht in dieser Formulierung nur eine *Feststellung,* die keinerlei rechtliche Wirkung habe. Wenn die Verfasser des Vertrages nämlich die Absicht gehabt hätten, die Möglichkeit auszuschließen, daß ein künftiges Personalstatut die Gerichtsbarkeit der innerstaatlichen Gerichte beschränken könne, hätten sie diese Absicht nach Ansicht des Gutachtens in anderen Worten ausdrükken müssen, etwa „rien ... ne doit restreindre" oder wenigstens „rien

... n'aura pour effet". Solche Ausdrücke enthielten einen Befehl für die Zukunft, wohingegen die tatsächlich im Zeichnungsprotokoll verwendeten Worte lediglich das gegenwärtige Bestehen einer Tatsache feststellten.

aa) *Seidl-Hohenveldern* übersieht dabei, daß es im Völkerrecht und im innerstaatlichen, vor allem im französischen Recht, zahlreiche Verträge, Verfassungen und Gesetze gibt, die dem Wortlaut nach nur eine Tatsache festzustellen scheinen, in Wirklichkeit aber Gebote und Verbote für die Zukunft enthalten. So heißt es etwa in Teil II B des Viermächteabkommens über Berlin vom 3. September 1971, daß die Westsektoren von Berlin „so wie bisher kein Bestandteil (konstitutiver Teil) der Bundesrepublik Deutschland sind". In Art. 2 Ziff. 1 der UNO-Satzung heißt es: „Die Organisation beruht auf der souveränen Gleichheit aller ihrer Mitglieder." Art. 9 des EWG-Vertrages bestimmt: „Grundlage der Gemeinschaft ist eine Zollunion." Art. 20 I des deutschen Grundgesetzes lautet: „Die Bundesrepublik Deutschland ist ein demokratischer und sozialer Bundesstaat." Ähnlich heißt es in Art. 2 der Verfassung der V. Republik von 1958: „La France est une Republique indivisible, laique, démocratique et sociale." Niemand wird bestreiten, daß alle diese Bestimmungen trotz ihres nur feststellenden Wortlauts Gebote und Verbote für die Zukunft aufstellen.

bb) Bisher habe ich nur gezeigt, daß entgegen der Ansicht von *Seidl-Hohenveldern* der Wortlaut der Ziff. 5 des Zeichnungsprotokolls dahin ausgelegt werden kann, daß er nicht nur eine Feststellung enthält, sondern Rechtswirkungen entfaltet. Daß diese Bestimmung in einem solchen Sinne ausgelegt werden muß, ergibt sich aus dem effet utile-Prinzip des Völkerrechts, nach dem jede Vertragsbestimmung so ausgelegt werden muß, daß sie einen rechtlichen Sinn erhält[44].

cc) Zur Unterstützung seiner Auslegung beruft sich *Seidl-Hohenveldern* auf die dem Vertrag nachfolgende Praxis der Mitgliedstaaten. Die Mitgliedstaaten hätten durch die einstimmige Verabschiedung der Bestimmungen des Verwaltungsstatuts des Personals, welche die Zuständigkeit des ILO-Verwaltungsgerichts begründen, zu erkennen gegeben, daß sie die Ziff. 5 des Zeichnungsprotokolls nicht als bindende Verweisung auf die nationale Gerichtsbarkeit verstanden haben.

(1) Demgegenüber ist zunächst darauf hinzuweisen, daß die subsequent practice im vorliegenden Fall nicht hinreichend bestimmt ist, um die ihr von *Seidl-Hohenveldern* verliehene Bedeutung zu tragen. Die Mitgliedstaaten haben in der Tat auch davon ausgehen können, daß

---

[44] Vgl. die Rechtsprechung des StIGH und des IGH bei *Bernhardt*, Die Auslegung völkerrechtlicher Verträge insbesondere in der neueren Rechtsprechung internationaler Gerichte, 1963, S. 94 ff.

Ziff. 5 zwar eine bindende Verweisung auf die nationale Gerichtsbarkeit enthält, daß sie aber durch einen in einen Vertrag umzudeutenden einseitigen Beschluß diese bindende Bestimmung ändern konnten.

(2) Ferner ist darauf hinzuweisen, daß die subsequent practice nach Art. 31 Abs. III b) der — auch insoweit Völkergewohnheitsrecht bildenden[45] — Wiener Vertragsrechtskonvention[46] ein Auslegungsmittel darstellt, das nach den in Art. 31 genannten Auslegungsmitteln (Wortlaut, Zusammenhang, Ziel und Zweck) rangiert. Aus dem Zusammenhang der Immunitätsbestimmungen ergibt sich aber nach den obigen Ausführungen eindeutig, daß die Ziff. 5 des Zeichnungsprotokolls in dem Sinne gelesen werden muß, daß eine Immunität für die Beziehungen zwischen den Beamten und der Eurocontrol abzulehnen ist.

b) In Übereinstimmung mit einem Gutachten von *Martin Bos* meint *Seidl-Hohenveldern* ferner, aus der Entstehungsgeschichte des Eurocontrol-Vertrages ergebe sich eindeutig, daß Eurocontrol zunächst nur von den nationalen Regierungen zur Verfügung gestellte nationale Beamte beschäftigen wollte. Nur für diese nationalen Beamten gelte Ziff. 5 des Zeichnungsprotokolls. Erst später habe die Eurocontrol aus Zweckmäßigkeitsgründen sich für eigene Beamte entschieden. Auf diese eigenen Beamten finde Ziff. 5 als Übergangsvorschrift keine Anwendung. Diese Argumente sind nicht stichhaltig:

aa) Selbst wenn diese Darstellung der Entwicklung der Beamtenschaft bei Eurocontrol richtig ist, was ich nicht überprüfen konnte, ist zunächst festzuhalten, daß auf die Entstehungsgeschichte einer Vertragsbestimmung nach Art. 32 der Wiener Vertragsrechtskonvention nur zurückgegriffen werden darf, wenn sie den Sinn, der sich aus der Anwendung des Art. 31 ergibt, bestätigt, oder um den Sinn festzustellen, wenn die Auslegung gemäß Art. 31 den Sinn zweideutig oder undeutlich läßt, zu seinem Resultat führt, das offenbar absurd oder unvernünftig ist.

bb) Diese Voraussetzungen der Wiener Vertragsrechtskonvention, die dem geltenden Völkergewohnheitsrecht entsprechen, liegen im vorliegenden Falle nicht vor, weil aus den Auslegungsmitteln der Art. 31, nämlich dem Wortlaut, dem Zusammenhang und den Zielen des Eurocontrol-Vertrags deutlich wird, daß Ziff. 5 des Zeichnungsprotokolls sich auf alle Beamten von Eurocontrol, also auch auf die später eingestellten eigenen Beamten bezieht:

---

[45] Daß die Art. 31 ff. der Wiener Vertragsrechtskonvention nur das geltende Völkerrecht bestätigen, hat der Europäische Menschenrechtsgerichtshof im Golder-Fall (Publications de la Cour Européenne des Droits de l'Homme, Bd. 18, 1975, S. 17) festgestellt.

[46] Die Wiener Vertragsrechtskonvention ist etwa in Sartorius II, Internationale Verträge — Europarecht, Textausgabe, veröffentlicht worden.

(1) Die Art. 13 und 14 der als Anhang zum Eurocontrol-Vertrag verabschiedeten Satzung der Agentur sehen im Gegensatz zur Auffassung von *Seidl-Hohenveldern* von Anfang an *eigenes* Personal der Agentur vor. Wenn Ziff. 5 des Zeichnungsprotokolls, das ganz allgemein vom „Personal der Agentur" spricht, und damit doch offensichtlich vor allem das *eigene* Personal der Agentur meint, sich nur auf das von den nationalen Regierungen zur Verfügung gestellte nationale Personal beziehen sollte, hätte diese Bestimmung dies ausdrücklich feststellen müssen.

(2) Aus dem Gesamtzusammenhang der Immunitätsbestimmungen des Eurocontrol-Vertrages ergibt sich die oben dargelegte Auslegung der Ziff. 5 des Zeichnungsprotokolls. Es wäre in der Tat merkwürdig gewesen, wenn der Vertrag zwar die Funktionsfähigkeit der internationalen Organisation hinsichtlich ihrer primären öffentlichen Aufgaben nicht der Immunität unterworfen hätte, aber von der Immunität der Beziehungen zwischen der internationalen Organisation und ihren Bediensteten ausgegangen wäre, die allein zum Schutz der Funktionsfähigkeit der Organisation in ihren Primäraufgaben sinnvoll gewesen wäre.

(3) Das Gutachten *Seidl-Hohenveldern* kommt mit seiner Unterscheidung zwischen den zur Verfügung gestellten und den eigenen Beamten auch ansonsten zu widersprüchlichen Ergebnissen. Es wäre in der Tat seltsam, wenn zwar die Beziehungen zwischen dem eigenen Personal und Eurocontrol in vollem Umfang Immunität genössen, die Beziehungen zwischen Eurocontrol und dem zur Verfügung gestellten Personal aber voll der nationalen Rechtskontrolle unterworfen wären. Denn die Funktionsfähigkeit von Eurocontrol würde offensichtlich auch dann gefährdet, wenn der deutsche Richter im Rahmen des durch deutsches Recht geregelten Statusverhältnisses zwischen dem zur Verfügung gestellten Personal und der Bundesrepublik Deutschland, wie dies nach Ziff. 5 des Zeichnungsprotokolls in der Auslegung von *Seidl-Hohenveldern* notwendig ist, etwa im Rahmen eines Disziplinarverfahrens auch das Verhalten des deutschen Beamten in der internationalen Organisation und damit auch Akte der internationalen Organisation selbst nachprüfen könnte.

c) Da nach den obigen Ausführungen die internationale Zuständigkeit der deutschen Gerichte grundsätzlich zu bejahen ist und der Eurocontrol-Vertrag diese Zuständigkeit durch eine Immunität für das Verhältnis zwischen Eurocontrol und ihren eigenen Bediensteten nicht aufhebt, sondern bestätigt, kann dahingestellt bleiben, ob Ziff. 5 des Zeichnungsprotokolls eine internationale Zuständigkeit der Bundesrepublik konstitutiv begründet oder ob diese Bestimmung insoweit deklaratorisch bleibt. Ziff. 5 des Zeichnungsprotokolls muß aber, um einen eigenen

Sinn zu erhalten, auf jeden Fall dahin ausgelegt werden, daß sie ein Verbot der Aufhebung der nationalen Gerichtszuständigkeit durch Eurocontrol begründet.

6. Hinzuweisen ist schließlich auf die Tatsache, daß Art. 85 des Verwaltungsstatuts des festangestellten Personals der Agentur von Eurocontrol selbst davon ausgeht, daß das Personal der Agentur dem nationalen (deutschen) Sozialversicherungsrecht unterworfen sein könnte; auch hier entspricht der Unterwerfung unter das materielle nationale Recht eine Unterwerfung unter die nationale Gerichtsbarkeit.

C. Die außervertragliche Immunität von Eurocontrol

I. Einführung

Wir sind zu dem Ergebnis gelangt, daß die internationale Zuständigkeit der Bundesrepublik Deutschland sich grundsätzlich auf das Verhältnis der eigenen Bediensteten zur Eurocontrol erstreckt und der Eurocontrol-Vertrag diese Zuständigkeit bestätigt, die Immunität von Eurocontrol in diesem Bereich also ausdrücklich ablehnt. Diese Regelung des Eurocontrol-Vertrags geht den im folgenden aus Völkergewohnheitsrecht, allgemeinen Rechtsgrundsätzen, in Analogie zur Staatenimmunität, der Natur der Sache etc. entwickelten Rechtssätze des allgemeinen Völkerrechts vor, die eventuell bei Fehlen einer vertraglichen Immunität die Immunität internationaler Organisationen begründen können. Die folgenden Ausführungen werden deshalb nur dann von Bedeutung, wenn das Gericht der Auslegung der Ziff. 5 des Zeichnungsprotokolls durch *Seidl-Hohenveldern* folgt und auch im übrigen die obige Interpretation des Immunitätsmodells des Eurocontrol-Vertrags ablehnt.

II. Völkergewohnheitsrechtliche Immunität der internationalen Organisationen?

Zunächst ist zu untersuchen, ob und in welchem Umfang das Völkergewohnheitsrecht die Immunität der internationalen Organisationen begründet:

1. Nach unserer Ansicht kann die Immunität der internationalen Organisationen auf Völkergewohnheitsrecht nicht gestützt werden:

a) Die Auffassung der Lehre ist uneinheitlich:

aa) Ein Teil der Lehre nimmt eine gewohnheitsrechtliche Immunität internationaler Organisationen an. Für eine solche Immunität haben sich insbesondere *Seyerstedt*[47], *Lalive*[48], *Cahier*[49], *Ahluwalia*[50], *Guggen-*

---

[47] *Seyerstedt,* Objective Legal Personality of Intergovernmental Organisations, Nordisk T. Int. Ret. 34, 1964, S. 17, 52 ff.

[48] *Lalive,* L'Immunité de juridiction des Etats et des organisations internationales, RdC 84, 1953 III, S. 206, 403 ff.

[49] *Cahier,* Etude des accords de siège conclus entre les organisations internationales et les Etats òu ils résident, 1959, S. 393.

heim[51], *Paone*[52], *Batiffol*[53] und *Ophüls*[54] ausgesprochen. Einer differenzierenden Ansicht folgt *Dahm*[55], der aus Treu und Glauben und aus dem Effektivitätsprinzip auf einen Schutz der öffentlichen Funktionen jedenfalls in den Mitgliedstaaten schließt, nicht aber sonstige Handlungen geschützt sehen will. Für eine solche Immunität kann wohl auch *Kordt*[56] zitiert werden, obwohl dessen Ausführungen unklar bleiben. Diese Lehrmeinung wird aber in der Regel nicht näher begründet; meist handelt es sich nur um obiter dicta, die nicht das Gewicht der einheitlichen Lehre der anerkanntesten Völkerrechtler nach Art. 38 des IGH-Statuts haben dürften.

bb) Eine ebenso starke Lehrmeinung lehnt dagegen die gewohnheitsrechtliche Immunität der internationalen Organisationen völlig ab. Einschlägige Hinweise hierzu finden sich etwa bei *Egger*[57], *Bowett*[58], *Quadri*[59], *Lémonon*[60] und *F. A. Mann*[61]. *Günter Beitzke*[62] schließt sich dieser Auffassung an. Dieser Meinung folgt mit näherer Begründung auch *Bernhard Schlüter*[63], der vor allem darauf hinweist, daß die Staaten in neueren Abkommen auf eine Immunität der internationalen Organisationen ganz verzichtet haben; das Eurocontrol-Abkommen steht also nicht allein.

---

50 *Ahluwalia*, The Legal Status, Privileges and Immunities of the Specialized Agencies of the United Nations and Certain other International Organisations, 1964, S. 207.

51 *Guggenheim*, Traité de droit international public, 1956, S. 111.

52 *Paone*, L'organizzazione dell'Atlantico del Nord e la giurisdizione italiana, Riv. di Dir. int. 1955, S. 388.

53 *Batiffol*, Droit international privé, 4. Aufl. 1971, S. 779.

54 Vgl. *Schröer*, De l'application de l'immunité juridictionnelle des Etats aux organisations internationales, RGDIP 75, 1971, S. 712 ff.

55 *Dahm*, Völkerrecht, Bd. II, 1961, S. 87 f.

56 *Kordt*, Privilegien und Immunitäten internationaler Organisationen, in: Strupp / Schlochauer (Anm. 21), S. 804.

57 *Egger*, Die Vorrechte und Befreiungen internationaler Organisationen und ihrer Funktionäre, 1954, S. 125.

58 *Bowett*, The Law of International Institutions, 1963, S. 283.

59 *Quadri*, La Personalité internationale de la Communauté, S. 16.

60 *Lémonon*, L'immunité de juridiction et d'exécution forcée des Etats étrangers, Annuaire de l'Institut de droit international 1952, S. 1.

61 *F. A. Mann*, International Corporations and National Law, BYIL 1967, S. 171 f.

62 *Beitzke*, Zivilrechtsfähigkeit von auf Staatsvertrag beruhenden internationalen Organisationen, Berichte der Deutschen Gesellschaft für Völkerrecht, H. 9, 1969, S. 77 ff., 115.

63 *Schlüter*, Die innerstaatliche Rechtsstellung der internationalen Organisationen, 1972, S. 173. — Zweifelnd: *Seidl-Hohenveldern*, Rechtsstreitigkeiten zwischen internationalen Organisationen und ausländischen Staaten, EVR 1953/54, S. 30.

cc) Der interessante Versuch einer Übertragung der Staatenimmunität auf internationale Organisationen findet sich bei *Friedrich Schröer*[64]. Dieser Autor zeigt zunächst auf, daß sich die Staatenimmunität heute auf die Funktion des Staates bezieht. Da aber auch die internationalen Organisationen nur von den Staaten abgeleitete Funktionen ausüben, läge es nahe, die Staatenimmunität analog auf die internationalen Organisationen zu übertragen. Dabei müsse auch für die internationalen Organisationen zwischen den acta iure imperii und den acta iure gestionis unterschieden werden.

b) Die nationale Rechtsprechung neigt zwar dazu, den internationalen Organisationen eine außervertragliche Immunität zuzusprechen. Die Rechtsprechung ist aber nicht einheitlich, meist fehlt überdies jede Begründung:

aa) Hervorzuheben ist zunächst, daß insbesondere die italienischen Gerichte von einer außervertraglichen Immunität der internationalen Organisationen ausgehen, die sich auf die Personalhoheit erstreckt. Die italienischen Gerichte haben deshalb stets ihre internationale Zuständigkeit für Klagen der Bediensteten internationaler Organisationen gegen ihre Anstellungsbehörde abgelehnt[65]. Dabei ist meistens aber nicht ganz klar, ob diese Zuständigkeit auf der Immunität der internationalen Organisation, auf der ausschließlichen Zuständigkeit der internationalen Organisation für ihre Bediensteten[66] oder auf der Tatsache beruht, daß die italienischen Gesetze eine solche Zuständigkeit nicht vorsehen (Immunität ratione materiae). Auf jeden Fall haben die italienischen Gerichte auf die Organisationen die Unterscheidung zwischen acta iure imperii und acta iure gestionis angewendet und die Immunität der internationalen Organisationen nur für acta iure imperii bejaht.

bb) *Seidl-Hohenveldern* stützt sich für die außervertragliche Immunität der internationalen Organisationen auf ein Urteil des Bundesarbeitsgerichts vom 21. Januar 1973 (5 AZR 3399/72, Arbeitsrechtliche

---

[64] *Schröer* (Anm. 54).

[65] Italienischer Kassationshof, Fall Branno, Riv. di dir. int. 1955, S. 352 f.; Tribunal Florenz, Mazzanti, Riv. di dir. int. 1955, S. 354; Tribunal Triest, Viccelli, Riv. di dir. int. 1953, S. 470; LAG Rheinland-Pfalz bei *Schröer* (Anm. 54), S. 373, 722. Vgl. *Schröer*, ebenda, und *Seyerstedt*, Settlement of Judicial Disputes of Intergovernmental Organizations by Internal and External Courts, ZaöRV 24, 1964, S. 1 - 121, 51.

[66] So wohl die französische Cour de Cassation im Falle Profili c. l'Institut international d'agriculture, RDJ 1931, S. 386; das Tribunal de Versailles im Falle Chemidlin c. Bureau international des poids et mesures, Journal du Palais 1945.2.124; der Supreme Court von Mexiko im Falle Diaz c. UN Economic Commission for Latin America (*Seyerstedt*, ICLQ 1964, S. 509) und die Cour d'Appel von Paris im Falle Klarsfeld c. l'office de jeunesse franco-allemand (*Larger*, AFDI 1968, S. 369).

Praxis DVA 279) und auf eine Entscheidung des Amtsgerichts Bonn vom 23. August 1961 (MDR 1962, S. 315).

(1) Der vom Bundesarbeitsgericht entschiedene Fall ist auf die vorliegende Streitigkeit nicht übertragbar, weil es sich um eine in Erfüllung eines internationalen Immunitätsprotokolls durch eine deutsche Verordnung *ausdrücklich* gewährte Immunität für *Bedienstete* der internationalen Organisation, nicht also um die Immunität der internationalen Organisation selbst handelte.

(2) Die Entscheidung des Amtsgerichts Bonn entbehrt, wie *Schlüter* a. a. O. richtig darlegt, jeder rechtlich haltbaren Begründung.

cc) Insgesamt gesehen sind die Entscheidungen der nationalen Gerichte nicht zahlreich genug, um einen Rechtssatz des Völkergewohnheitsrechts zu tragen. Dabei ist insbesondere hervorzuheben, daß die Entscheidungen meistens nur von italienischen Gerichten ausgehen. Selbst wenn man die französischen und mexikanischen Entscheidungen berücksichtigt, sind an der Praxis zuwenig Staaten beteiligt.

c) Das behauptete Völkergewohnheitsrecht kann also nur auf die völkerrechtlichen Verträge gestützt werden, welche die Immunität bestimmter internationaler Organisationen begründen. Diese Verträge sind aber weit davon entfernt, die für Völkergewohnheitsrecht notwendige Einheitlichkeit aufzuweisen.

aa) Nach den meisten Immunitäts- und Sitzstaatsabkommen ist die Immunität der internationalen Organisation von der nationalen Gerichtsbarkeit absolut[67]. Diese Bestimmungen werden von der nationalen Rechtsprechung dahin ausgelegt, daß auch privatrechtliche Rechtsstreitigkeiten der internationalen Organisation ihrer Gerichtsbarkeit entzogen sind[68].

bb) Damit steht in Widerspruch, daß die meisten Satzungen der internationalen Organisationen eine innerstaatliche Rechtspersönlichkeit begründen, sie also die internationalen Organisationen zumindest hinsichtlich ihrer privatrechtlichen Tätigkeit dem nationalen Recht und damit wohl auch der nationalen Gerichtsbarkeit unterwerfen[69].

---

[67] So die Immunitätskonventionen für die UNO und deren Spezialorganisationen, für die OEEC, die NATO und den Europarat sowie die meisten Sitzabkommen. Vgl. *Cahier* (Anm. 49); *Merkatz,* Les privilèges et immunités des organisations internationales et leur agents, Revue de droit international (Sottile) 46, 1968, S. 147. Aus neuerer Zeit vgl. Art. IV der Anlage I zum Übereinkommen vom 30. Mai 1975 zur Gründung der Europäischen Weltraumorganisation (BGBl. II, 1975, S. 1861), Übereinkommen über den Status der WEU (Sammlung der Übereinkommen des Auswärtigen Amtes — AA — Bd. 13, A 137). Vgl. ferner *Ahluwalia* (Anm. 50).

[68] Cour de Cassation 6. 7. 1954, Recueil Dalloz et Sirey 1955, J. 633.

[69] Dazu *Schlüter* (Anm. 64).

cc) Zahlreiche Verträge beschränken die Immunität der internationalen Organisationen; sie gewähren Immunitäten nur insoweit, „als es für die Erfüllung der Aufgaben der internationalen Organisation erforderlich ist“[70]. Damit wird aber eine auf die Primäraufgaben der Organisation beschränkte funktionelle Immunität geschaffen, die sich nicht auf die Mittel zur Erfüllung dieser Primäraufgaben, also etwa auf die Personalhoheit der internationalen Organisationen erstreckt. Dieser funktionellen Immunität der internationalen Organisationen entspricht die Tatsache, daß die Immunität der Bediensteten der internationalen Organisationen ebenfalls allgemein auf ihre Funktionen, auf ihre dienstliche Tätigkeit beschränkt ist[71].

dd) *Schlüter* hat aufgezeigt, daß eine Reihe von Satzungen internationaler Organisationen aus neuester Zeit auf eine Immunität der betreffenden Organisation ganz verzichten. Damit steht also die Satzung von Eurocontrol nicht allein.

2. In der Lehre ist unbestritten, daß die von Rechtsüberzeugung getragene, für die Bildung von Völkergewohnheitsrecht relevante Praxis auch in multilateralen und bilateralen Verträgen bestehen kann. Im einzelnen sind die Voraussetzungen, unter denen dem Vertragsrecht Völkergewohnheitsrecht entnommen werden kann, in der Lehre aber bisher recht unklar:

a) *R. R. Baxter*[72] sieht eigentlich nur in Verträgen, welche das Völkergewohnheitsrecht kodifizieren wollen, einen hinreichenden Anhaltspunkt für Völkergewohnheitsrecht. Für andere Verträge führt er aus:

„If a treaty was at the time of its adaption constitutive of new law, then the person or entity relying on the treaty as evidence of customary law has the burden of establishing that the treaty has subsequently been adopted into custom, either by express reference to this process by States ... or by the proof that the rule of the treaty is identical with customary law in the absence of a treaty.“

---

70 Vgl. Art. 105 der UNO-Satzung; *Kiesgen*, Sachliche Immunität der Staaten, internationalen Organisationen und ihrer Organe, 1970, S. 133 ff.; *Merkatz* (Anm. 67).

71 Vgl. *C. M. Crosswell*, Protection of International Personnel abroad; *Egger* (Anm. 57); *N. Hill*, Immunities and Privileges of International Officials, 1947; *Tommasi di Vignano*, Immunità et Priviligi dei Funzionari delle Organizzazione internazionale, 1961. Die Literatur zu den internationalen Organisationen behandelt die gewohnheitsrechtlichen Vorrechte und Immunitäten nicht. Vgl. etwa *Clyde Eagleton*, International Government, 3. Aufl. 1957; *Stephan S. Goodspead*, The Nature and Functions of International Organizations, 1955; *N. Hill*, International Organization, 1952; *Roger Pinto*, Cours d'institutions internationales, 1961/2; *Pitman B. Potter*, An Introduction to the Study of International Organization, 5. Aufl. 1948.

72 *Baxter*, Multilateral Treaties as Evidence of Customary International Law, BYIL 1965/66, S. 275, 299.

Wenn diese Formulierung auch noch recht unklar bleibt, ist offensichtlich nach *Baxter* erforderlich, daß die nachfolgende Praxis der Staaten — und vor allem von Drittstaaten, die an den Verträgen nicht beteiligt sind — den Inhalt des Vertrages als Völkergewohnheitsrecht bekräftigt. Nach der Formel von *Baxter* würde also das obige Vertragsrecht der internationalen Organisationen zur Begründung eines gewohnheitsrechtlichen Rechtssatzes, der die Immunität internationaler Organisationen trägt, allein nicht ausreichen; die nachfolgende Einzelfallpraxis ist aber, wie wir oben gezeigt haben, für Völkergewohnheitsrecht zu schmal.

b) *Karl Doehring*[73] weist zu Recht darauf hin, daß trotz der nahezu einhelligen Auffassung, aus Verträgen könne Völkergewohnheitsrecht entstehen, eine solche Entwicklung von Völkergewohnheitsrecht zahlreiche, von der Lehre zum Gewohnheitsrecht bisher nicht gelöste Probleme aufwirft. In der Tat kann man z. B. von der notwendigen Rechtsüberzeugung für Völkergewohnheitsrecht kaum sprechen, wenn die Vertragspartner bei der nachfolgenden Praxis den Vertrag erfüllen wollten. Nach *Doehring* kann es für die Entstehung von Völkergewohnheitsrecht aus Verträgen nicht darauf ankommen, daß die Vertragspartner die Bildung von Völkergewohnheitsrecht gewollt haben, weil dies dem Verbot der Begründung von Rechtspflichten Dritter durch Vertrag widersprechen würde. Das Kriterium für die Bildung von Völkergewohnheitsrecht sei vielmehr, daß die Staaten davon ausgehen, die Regel sei für ein geordnetes Zusammenleben in der internationalen Staatengemeinschaft unbedingt erforderlich. Dieses Kriterium führt aber im konkreten Fall nicht weiter, weil es nicht auf die Beurteilung der Erforderlichkeit durch die Gerichte und die Lehre, sondern durch die Staaten selbst ankommt und hierfür die notwendige Dokumentation im konkreten Fall fehlt.

c) *Ulrich Scheuner*[74] bezieht — wie *Baxter* — den Vorgang der Bildung von Völkergewohnheitsrecht aus Verträgen eigentlich nur auf Kodifikationsverträge. Er fordert grundsätzlich eine „Annahme" des Vertrages durch den Rest der Staatenwelt, die den Vertrag nicht ratifiziert hat. Die Schwierigkeit des vorliegenden Falles besteht nun darin, daß die Immunitätsverträge der UNO und ihrer Sonderorganisationen (fast) von allen Staaten der Welt ratifiziert worden sind, daß diese Verträge sich jeweils aber nur auf eine bestimmte internationale Organisation beziehen. Auch in solchen Fällen wird man die Vertragspraxis als solche nicht als ausreichend ansehen können, um Gewohnheitsrecht für alle internationalen Organisationen begründen zu können; es müs-

---

73 *Doehring*, Gewohnheitsrecht aus Verträgen, ZaöRV 36, 1976, S. 77.

74 *Scheuner*, Internationale Verträge als Elemente der Bildung von völkerrechtlichem Gewohnheitsrecht, in: Festschr. f. F. A. Mann, 1977, S. 409.

sen jedenfalls hinreichende Ansätze für eine solche Generalisierung der Verträge in der Praxis vorliegen.

d) Der Verfasser dieses Gutachtens hat sich in einer demnächst erscheinenden Arbeit über die „Funktionen der Lehre im Völkerrecht“[75] dafür ausgesprochen, daß aus übereinstimmendem Völkervertragsrecht eine allgemeine Regel des Völkergewohnheitsrechts nur dann entnommen werden kann, wenn die Regel in der Vorschrift in der Sicht der Staaten eine allen Interessen gerecht werdende abwägende Regel enthält. Auch wenn man dieses Kriterium anwendet, kann aus den Verträgen über die internationalen Organisationen eine völkergewohnheitsrechtliche Immunitätsregel nicht abgeleitet werden.

aa) *H. McKinnon Wood*[76] führt als Grund für die absolute Gerichtsimmunität der internationalen Organisationen die Gefahr der Voreingenommenheit und der „Schlechtgläubigkeit“ der nationalen Gerichte, die Gefahr einer Gerichtsverfolgung durch Querulanten und die mögliche unterschiedliche Beurteilung der Akte der Organisation auf. *Jenks*[77] fügt dem hinzu, das Recht der internationalen Organisationen sei noch zu wenig entwickelt, um seine Beurteilung den nationalen Gerichten zu überlassen, die Entscheidungen erlassen können, welche die zukünftige Entwicklung der Organisation stören könnten. Hinzu komme, daß die Gerichte zahlreicher Staaten zu stark von den Regierungen beeinflußt würden, so daß eine hinreichende Unparteilichkeit der nationalen Gerichte nicht gegeben sei. Überhaupt müsse man die in der Regel noch schwachen internationalen Organisationen vor einem zu großen Einfluß der Nationalstaaten schützen. Im Gegensatz zu der etablierten Souveränität der Staaten seien die Existenz und die Kompetenzen der internationalen Organisationen noch sehr prekär. Alles das unterscheide die internationalen Organisationen von den Staaten, so daß die Regeln über die beschränkte Staatenimmunität keine Anwendung finden könnten.

Die bisherige Entwicklung scheint eher gegen diese Argumente zu sprechen. Daß man der Klage von Querulanten ausgesetzt ist, stellt eine normale Gefahr für jeden Bürger und Staat dar, der zu einer Ablehnung der Gerichtsbarkeit nicht führen darf. Widersprüchliche Entscheidungen der nationalen Gerichte sind, wie wir im folgenden zeigen werden, in Statussachen der internationalen Beamten für die internationalen Organisationen unschädlich. Entscheidend kann es nur auf die

[75] *Bleckmann*, Die Funktionen der Lehre im Völkerrecht. Beiträge zu einer Allgemeinen Völkerrechtslehre, 1980.

[76] *McKinnon Wood*, Legal Relations between Individuals and a. World Organization of States, Transactions of the Grotius Society for 1944, 30, 1945, 143 f.

[77] *Jenks* bei *Merkatz* (Anm. 67), S. 147, 154 f.

noch prekäre Existenz der internationalen Organisationen und die Gefahr einer Störung der Entwicklung der internationalen Organisationen durch inadäquate und negativ beinflußte nationale Rechtsprechung ankommen. Insoweit ist aber hervorzuheben, daß die bisherige nationale Rechtsprechung die internationalen Organisationen sehr vorsichtig behandelt, so daß von dieser Seite eine Gefahr nicht zu erwarten ist. Auch sprechen diese Gründe nur gegen einen Eingriff der nationalen Gerichtsbarkeit in die *Primärtätigkeit* der internationalen Organisationen. Entscheidungen über Statusfragen der internationalen Beamten stören diese Primärtätigkeit nur dann, wenn es darum geht, etwa in Disziplinarverfahren die *dienstliche Tätigkeit* der Beamten zu beurteilen.

bb) Für eine Generalisierungsfähigkeit der Immunitätsregeln internationaler Organisationen scheint auch zu sprechen, daß alle Staaten der Welt den Immunitätsregeln der einen oder anderen internationalen Organisation beigetreten sind, diese also offensichtlich als erforderliche und gerechte Regelung ansehen.

cc) Gegen die Generalisierbarkeit der Immunitätsregeln in den Völkerrechtsverträgen sprechen aber die überwiegenden Gründe:

(1) Zunächst sind die Immunitätsregeln der internationalen Organisationen nicht völlig einheitlich. Wie wir gezeigt haben, gehen einige Übereinkommen von der völligen Gerichtsimmunität der internationalen Organisationen aus, andere Satzungen fordern die Immunität nur für die Funktionsfähigkeit der internationalen Organisation. Überdies verankern fast alle Satzungen die innerstaatliche Rechtspersönlichkeit der Organisationen und unterwerfen sie damit zumindest im bürgerlichrechtlichen Bereich der Gerichtsbarkeit der Staaten.

(2) Wie wir im folgenden zeigen werden, sprechen zahlreiche Erwägungen gegen eine absolute Immunität der internationalen Organisationen, die aus der Analogie zum Recht der Staatenimmunität, aus den Grundgedanken, auf denen die Staatenimmunität beruht, aus der Natur der Sache usw., d. h. aus völkerrechtlichen Rechtsquellen in einem weiten Sinne entwickelt werden. Diese Regeln begründen zumindest „beginnendes Völkergewohnheitsrecht", das einen anderen Inhalt besitzt als die allgemeinen Immunitätsverträge. Insbesondere die Regeln über die Staatenimmunität zeigen deutlich, daß eine absolute Immunität heute den Grundkonzeptionen des Völkerrechts widerspricht. Dann können die Verträge, welche die absolute Immunität der internationalen Organisationen begründen, auch nicht als Ausdruck eines allgemeinen Staatenkonsenses verstanden werden.

α) Eine absolute Immunität der internationalen Organisationen verstößt gegen grundlegende Prinzipien des Völkerrechts wie die Gebietshoheit des Sitzstaates und die — auch im Völkerrechtsraum durch die Menschenrechtskonventionen verankerte — Rechtsstaatlichkeit. Die absolute Immunität ist aber für die Sicherung der Funktionsfähigkeit internationaler Organisationen nicht erforderlich (Verhältnismäßigkeitsprinzip bei Eingriff in grundlegende Prinzipien des Völkerrechts)[78], wie die Tatsache zeigt, daß auch die Funktionsfähigkeit der Staaten durch eine Beschränkung der Immunität auf acta iure imperii nicht beeinträchtigt wird.

β) Die absolute Immunität der internationalen Organisationen verstößt also gegen die sich aus anderen Rechtssätzen des Völkerrechts entwickelnden allgemeinen Rechtssätze des Völkerrechts und gegen Grundprinzipien der Völkerrechtsordnung. Eine gerechte Abwägung der Interessen der internationalen Organisation, der Staaten und der Individuen liegt schließlich auch deshalb nicht vor, weil offensichtlich die Staaten durch die absolute Immunität der internationalen Organisationen offensichtlich für ihre eigene Tätigkeit im Rahmen der Organisation entgegen den Prinzipien ihrer nationalen Verfassung die nationale Gerichtskontrolle ausschalten wollten. Eine solche Tendenz der Staaten darf aber durch die voreilige Entwicklung und Annahme von Völkergewohnheitsrecht nicht noch gefördert werden.

e) Die bisher entwickelten Gründe sprechen gegen einen Rechtssatz des Völkergewohnheitsrechts, der die absolute Immunität der internationalen Organisationen verankert. Im Völkerrecht eher nachweisbar ist dagegen eine beschränkte Immunität, welche die Funktionsfähigkeit der internationalen Organisationen bei ihren öffentlichen Primäraufgaben sichert und insbesondere die privatrechtliche Tätigkeit der internationalen Organisationen der nationalen Gerichtsbarkeit unterwirft.

III. Zur Rechtspersönlichkeit von Eurocontrol

Daß die Eurocontrol Völkerrechtspersönlichkeit besitzt, ergibt sich eindeutig aus Art. 4 S. 1 ihrer Satzung. Diese Völkerrechtspersönlichkeit ist bisher auch von allen im ersten Teil dieses Gutachtens zitierten Urteilen und vom *Gutachten Seidl-Hohenveldern* anerkannt worden. Da die Rechtspersönlichkeit von Eurocontrol von der Rechtspersönlichkeit der Mitgliedstaaten unterschieden werden muß, können die im Verkehr der Staaten untereinander entwickelten Regeln der Immunität der Staaten auf die internationalen Organisationen nicht unmittelbar angewendet werden[79]. Ein Fall, in dem auch im Völkerrecht ein Durch-

---

[78] Dazu, daß das — etwa im Repressalienrecht anwendbare in den nationalen Rechtsordnungen aller Staaten bekannte — Verhältnismäßigkeitsprinzip ein allgemeines Prinzip auch der Völkerrechtsordnung darstellt, vgl. *H. Mosler* (Anm. 29).

[79] *Bleckmann*, Die Analogie im Völkerrecht (Anm. 27).

griff durch den Schleier der Völkerrechtspersönlichkeit internationaler Organisationen auf die Mitgliedstaaten möglich wäre[80], liegt hier nicht vor. Das Recht der Staatenimmunität kann nur dann auf das gemeinsame Handeln der Mitgliedstaaten einer internationalen Organisation unmittelbar angewendet werden, wenn die betreffende internationale Organisation keine Rechtspersönlichkeit besitzt und nicht die internationale Organisation selbst, sondern die gesamthänderisch handelnden Mitgliedstaaten, wie etwa bei der Benelux-Wirtschaftsunion[81], nach außen und den Mitgliedstaaten gegenüber gemeinsam auftreten.

IV. Entwicklung der Immunität der internationalen Organisationen aus den der Staatenimmunität zugrundeliegenden Rechtsprinzipien (Gleichheitssatz, Souveränität, Würde der Staaten)

Die Staatenimmunität beruht nach der durchaus einmütigen Lehre vor allem auf dem früher aus dem römischen und kanonischen Recht entwickelten, heute aber auf dem Völkerrechtssatz der Staatengleichheit beruhenden Satz „par in parem non habet imperium", auf der Souveränität und der Würde[82] der Staaten. Wenn es die konkreten Regeln der Staatenimmunität nicht gäbe, könnten diese Regeln also offensichtlich auch heute noch aus diesen Fundamentalprinzipien des Völkerrechts abgeleitet werden. Mangels konkreter Regeln des Völkergewohnheitsrechts über die Immunität der internationalen Organisationen ist dann zu fragen, ob aus diesen Fundamentalprinzipien des Völkerrechts nicht auch konkrete Immunitätsregeln für die internationalen Organisationen entwickelt werden können; auch diese Regeln beruhen dann auf (Ableitungen aus) dem Völkergewohnheitsrecht, da der Gleichheitssatz, die Soveränität und die Würde der Staaten durch Völkergewohnheitsrecht abgesichert sind.

1. Der Gleichheitssatz des Völkerrechts hat sich im völkerrechtlichen Verkehr zwischen den Staaten, durch die zwischen den Staaten gesetzte Praxis entwickelt. Wie die zwischen Kaufleuten entwickelte Übung nur auf Kaufleute anwendbar ist, ist das zwischen den Staaten entwickelte Völkergewohnheitsrecht grundsätzlich nur auf Staaten anwendbar[83]. Überdies wird der Gleichheitssatz des Völkerrechts in der Literatur

---

80 Zum Durchgriff im Völkerrecht vgl. *Böckstiegel*, Der Staat als Vertragspartner ausländischer Privatunternehmen, 1971, S. 55 ff.

81 *Bleckmann*, Die Benelux-Wirtschaftsunion, ZaöRV 22, 1962, S. 240.

82 Vgl. zu allem: *O'Connell*, International Law, Vol. 2, 1965, S. 913; *Kiesgen* (Anm. 70); *Schaumann* (Anm. 12); *Verosta*, Exterritorialität, in: Strupp / Schlochauer (Anm. 21), Bd. I, S. 499.

83 *Bleckmann*, Die Analogie im Völkerrecht (Anm. 27).

grundsätzlich nur auf die Staaten angewendet[84]. Eine unmittelbare Anwendung des Gleichheitssatzes auf die internationalen Organisationen ist nicht möglich. Damit kann man aus dem Gleichheitssatz also auch nicht unmittelbar die Immunität der internationalen Organisationen ableiten.

Da aber hinter den internationalen Organisationen die Mitgliedstaaten stehen, die Mitgliedstaaten die internationalen Organisationen tragen und durch die internationalen Organisationen handeln, ist eine analoge Anwendung des völkerrechtlichen Gleichheitssatzes auf internationale Organisationen denkbar[85]. Das setzt aber voraus, daß das Völkerrecht für internationale Organisationen nicht vom Gleichheitssatz abweichende Regeln entwickelt hat und daß die Rechtslage vergleichbar ist. Der völkerrechtliche Gleichheitssatz hat nun vor allem zum Inhalt, daß alle Staaten der Welt vorbehaltlich vertraglicher Regelungen am internationalen Rechtserzeugungsprozeß in gleicher Weise mit einer Stimme beteiligt sind und daß die Staaten nicht überstimmt werden, sondern mit ihrer einen Stimme ein Veto gegen einen internationalen Beschluß einlegen können[86]. Die internationalen Organisationen sind von der Gleichstellung zu den Staaten in dieser Beziehung aber noch weit entfernt. In der Regel werden sie im internationalen Rechtsetzungsprozeß nicht beteiligt; das gilt insbesondere für die Kodifikationskonferenzen. Die internationalen Organisationen unterliegen in vollem Umfang der Verfügungsgewalt aller Mitgliedstaaten; ihre Befugnisse leiten sich von den Kompetenzen der Mitgliedstaaten ab[87], die Staaten können ohne Beteiligung der internationalen Organisationen Recht setzen, das die internationalen Organisationen bindet.

2. Die Immunität der internationalen Organisationen kann auch nicht mit dem Souveränitätsprinzip begründet werden.

Dabei bleibt relativ unklar, auf welchen Begriff der Souveränität sich die Staatenimmunität stützt[88]. Wenn der Begriff der Souveränität als Völkerrechtsunmittelbarkeit gedeutet wird[89], sind die internationalen Organisationen nicht im vollen Sinne souverän, weil sie der Verfügungsgewalt zwar nicht eines einzelnen Mitgliedstaates, aber aller

[84] Zum Gleichheitssatz im Völkerrecht vgl. *G. Leibholz,* Gleichheit der Staaten, in: Strupp / Schlochauer, Bd. I (Anm. 21), S. 694 ff. m. w. N.

[85] *Bleckmann,* Die Analogie im Völkerrecht (Anm. 27).

[86] Vgl. *Leibholz* (Anm. 84).

[87] Vgl. *Mosler,* Internationale Organisation und Staatsverfassung 1956, in: Rechtsfragen der internationalen Organisation, S. 273 ff.; *ders.,* Völkerrecht als Rechtsordnung, ZaöRV 36, 1976, S. 6 ff.

[88] Zum Souveränitätsbegriff im Völkerrecht vgl. zuletzt *Werner von Simson,* Die Souveränität im rechtlichen Verständnis der Gegenwart, 1965; und *Quaritsch,* Staat und Souveränität, 1970.

[89] Dazu *Verdross,* Völkerrecht, 5. Aufl., 1964, S. 7, 194.

Mitgliedstaaten und nicht nur unmittelbar dem Völkerrecht unterworfen sind. Wenn man darauf abstellt, daß das Völkerrecht keinen konkreten Titel für die Unterordnung eines Staates unter die Staatsgewalt eines anderen Staates begründet, wären auch die internationalen Organisationen in dem Sinne souverän, da das Völkerrecht einen konkreten Rechtssatz nicht enthält, der sie der Herrschaftsgewalt eines Mitgliedstaates unterwirft; diese Theorie, die für die Unterwerfung unter die Gerichtsbarkeit einen konkreten Völkerrechtstitel verlangt, verstieße aber gegen die Grundprinzipien der Handlungsfreiheit der Staaten, nach denen das Handeln der Staaten in einem fremden Staat dessen Gebietshoheit unterworfen ist.

Diese Theorien, welche die Staatenimmunität auf die Unabhängigkeit der Staaten gründen, sind aber seit der generellen Annahme der auf acta iure imperii beschränkten Staatenimmunität nicht mehr anwendbar. Denn gegen die Unabhängigkeit der Staaten verstößt offensichtlich auch die Unterwerfung des privatrechtlichen Handelns eines Staates unter eine fremde Gerichtsbarkeit. Will man trotzdem an der Souveränität als Grundlage der Staatenimmunität festhalten, muß man die Souveränität in Übereinstimmung mit dem Begriff der acta iure imperii auf die Hoheitsgewalt beziehen. Solche Hoheitsgewalt üben zumindest die supranationalen Organisationen gegenüber Individuen und alle internationalen Organisationen gegenüber ihren eigenen Beamten aus. Trotzdem ist dieser Souveränitätsbegriff auf internationale Organisationen nicht anwendbar; denn Gemeinden und Anstalten des öffentlichen nationalen Rechts üben zwar Hoheitsgewalt in diesem Sinne aus, besitzen aber die Immunität nicht[90]. Der der Immunität zugrundeliegende Souveränitätsbegriff muß also davon ausgehen, daß die Staaten die *Fülle originärer Hoheitsgewalt* ausüben.

Diese Voraussetzungen liegen bei internationalen Organisationen nicht vor. Die internationalen Organisationen üben zunächst niemals die Fülle der Hoheitsgewalt, sondern immer nur spezifische Hoheitsbefugnisse aus[91]. Diese Hoheitsbefugnisse beruhen ferner nicht auf originärem Titel; sie sind vielmehr von den Hoheitsbefugnissen der Mitgliedstaaten nur abgeleitet[92].

3. Ich habe allerdings gewisse Bedenken, nach der Beschränkung der Staatenimmunität auf acta iure imperii diese Immunität auch heute noch von den Grundsätzen der Staatengleichheit und der Staatensouveränität abzuleiten. Denn diese beiden Prinzipien führen an sich not-

---

[90] Sehr umstritten, vgl. *Dahm*, Bd. I (Anm. 30), S. 227 ff.

[91] Vgl. dazu *Bleckmann*, Die Beihilfenkompetenz der EG. Ein Beitrag zum Prinzip der begrenzten Ermächtigung, DÖV, 1977, S. 615.

[92] Vgl. *Mosler*, Internationale Organisation und Staatsverfassung (Anm. 87).

wendig zur absoluten Staatenimmunität. Die Rechtslage kann heute auch nicht mehr dahin umschrieben werden, daß die Souveränität und der Gleichheitssatz an sich die absolute Immunität der Staaten begründen, daß diese Immunität aber aufgrund des auch im Völkerrecht verankerten Rechtsstaatsprinzips zurückgedrängt wird[93] oder bei den acta iure imperii deshalb nicht eingreift, weil die Staaten durch ihre Unterwerfung unter das Privatrecht auf die Souveränität verzichtet haben. Daß der Verzicht auf die Souveränität wegen seiner konstruierten Künstlichkeit nicht die Grundlage für die Beschränkung der Staatensouveränität sein kann, wird in der Lehre allgemein anerkannt[94]. Daß das Rechtsstaatsprinzip neben dem Wunsch, die wachsende Staatentätigkeit vor allem auf wirtschaftlichem Bereich nicht der Immunität zu unterwerfen, einer der historischen Gründe für die Beschränkung der absoluten Immunität gewesen ist, kann nicht bestritten werden. Von dem historischen Vorgang der Beschränkung der absoluten Staatenimmunität auf acta iure imperii ist aber die systematische Einordnung von Regel und Ausnahme zu unterscheiden[95]. Wie im folgenden noch näher gezeigt wird, kann man aus zahlreichen Gründen nicht die Auffassung vertreten, der Ausschluß der Immunität für bürgerlichrechtliche Streitigkeiten sei eine Ausnahme von der absoluten Staatenimmunität, die wiederum eine Ausnahme von der internationalen Zuständigkeit des Gebietsherrn ist. Richtig ist vielmehr, daß die Staatenimmunität für acta iure imperii eine Ausnahme von der völkerrechtlichen Zuständigkeit des Gebietsherrn ist.

Dann beruht die Staatenimmunität heute aber nicht mehr auf der Gleichheit und Souveränität der Staaten. Geschützt wird vielmehr die *Funktionsfähigkeit* der Staaten. So gedeutet, läuft die Entwicklung der nationalen Staatenimmunität mit der Entwicklung der vertraglichen Immunität der internationalen Organisationen parallel[96]. Die Lehre von den acta iure imperii bedeutet in dieser Sicht, daß es darauf ankommt, daß der betreffende Staat durch den Einsatz einseitig-hoheitlicher Handlungsmittel und besonderer Prärogativen für die öffentlichen Interessen selbst zu erkennen gibt, in welchem Umfang seine Funktionsfähigkeit die volle Unterwerfung unter die allgemeinen Prinzipien der Gerichtsbarkeit — nicht unter die Prinzipien der Verwaltungsgerichtsbarkeit, welche den öffentlichen Interessen besser entsprechen — ausschließt. Geht man davon aus, daß das Völkerrecht im

---

[93] *Lalive* (Anm. 58), S. 205, 218 f.

[94] Vgl. *Kiesgen* (Anm. 70), S. 50; *Lalive* (Anm. 58); *Schaumann* (Anm. 12).

[95] Allgemein zum Verhältnis zwischen historischer Entwicklung und systematischer Betragung vgl. *Bleckmann*, Handlungsfreiheit der Staaten (Anm. 3).

[96] Dazu *Seidl-Hohenveldern*, Das Recht der internationalen Organisationen, 3. Aufl. 1979.

internationalen Kooperationsrecht die Funktionsfähigkeit auch der internationalen Organisationen im Allgemeininteresse der Völkerrechtsgemeinschaft fördern dürfte, kann aus dem völkerrechtlichen Prinzip der Funktionsfähigkeit internationaler Organisationen auf eine (beschränkte) Immunität der internationalen Organisationen geschlossen werden.

4. Zu beachten ist schließlich, daß eine Reihe von internationalen Organisationen alle Mitgliedstaaten bindende Mehrheitsbeschlüsse fällen; diese internationalen Organisationen bleiben zwar der Verfügungsgewalt aller Mitgliedstaaten unterworfen und sind insoweit den Mitgliedstaaten untergeordnet; sie sind aber auf der anderen Seite bei den Beschlüssen den überstimmten Mitgliedstaaten übergeordnet. Aus dieser Überordnung kann aber, wie das Beispiel der Unterwerfung des Bundes unter die Hoheitsgewalt der Länder beweist[97], nicht eindeutig die absolute Immunität der internationalen Organisationen geschlossen werden.

V. Analoge Anwendung der Staatenimmunität auf internationale Organisationen

Grundsätzlich sind, wenn die Umstände nicht anders liegen und das Völkerrecht keine besonderen Regeln entwickelt hat, die auf die Staaten anwendbaren Rechtssätze des Völkergewohnheitsrechts auf die internationalen Organisationen kraft Analogie anwendbar[98]. Gegen die Übertragung der Staatenimmunität auf die internationalen Organisationen bestehen grundsätzlich keine Bedenken, weil die öffentlichen Aufgaben der internationalen Organisationen grundsätzlich mit den Staatsaufgaben übereinstimmen und die Tätigkeit der internationalen Organisationen von den Staaten getragen wird. Die Vergleichbarkeit der Sachverhalte ist also wohl zu bejahen.

Bedenken könnten allenfalls insoweit bestehen, als das Völkervertragsrecht für die internationalen Organisationen ein Immunitätsrecht entwickelt hat[99], das nach der Ansicht der Lehre vom Immunitätsrecht der Staaten abweicht. Denn im Gegensatz zur Staatenimmunität gelte für internationale Organisationen entweder der Grundsatz der absoluten Immunität oder der Grundsatz des Schutzes der Funktionsfähig-

---

[97] Vgl. für das deutsche Recht: *Stern*, Das Staatsrecht der Bundesrepublik Deutschland, Bd. I, 1978, S. 11, 490 m. w. N.; für das Recht anderer Staaten: *Bothe*, Die Kompetenzstruktur des modernen Bundesstaates in rechtsvergleichender Sicht, 1977.

[98] Vgl. *Bleckmann*, Zur Verbindlichkeit des allgemeinen Völkerrechts für internationale Organisationen, ZaöRV 37, 1977, S. 107.

[99] *Seidl-Hohenveldern*, Das Recht der internationalen Organisationen (Anm. 96).

keit der internationalen Organisationen, der Immunität, soweit es für die Erfüllung der Aufgaben der Organisation erforderlich ist. Man kann die Auffassung vertreten, daß in den Immunitätsverträgen die Staaten die Auffassung vertreten haben, daß das staatliche Immunitätsrecht für die internationalen Organisationen nicht paßt. Richtiger erscheint mir die beide Immunitätsbereiche zur Deckung bringende Auffassung zu sein, daß auch das internationale Immunitätsrecht für die Staaten heute nur noch die Funktionsfähigkeit der Staaten schützt.

VI. Zusammenfassung der bisherigen Ergebnisse

Wir kommen also zu dem Ergebnis, daß sowohl aus dem Vertragsrecht der internationalen Organisationen als auch aus den heute der Staatsimmunität zugrunde liegenden Rechtsprinzipien und aus der Analogie eine auf die Funktionsfähigkeit der internationalen Organisationen beschränkte außervertragliche Immunität fließt. Da diese Begründung im wesentlichen auf einem Vergleich mit der Staatsimmunität zurückzuführen ist, müssen auf die Schranken der auf die Funktionsfähigkeit begründeten Immunität der internationalen Organisationen die für die Staatenimmunität entwickelten Unterscheidungen zwischen acta iure imperii und acta iure gestionis angewendet werden.

VII. Ableitung der Immunität internationaler Organisationen aus der Natur der Sache

Das Gutachten von *Seidl-Hohenveldern* will nun eine umfassende quasi-absolute Immunität der internationalen Organisationen aus der Natur der Sache ableiten. Diese Erwägungen führen nicht viel weiter:

1. Im nationalen deutschen Recht ist die Frage, ob ein Rechtssatz nur auf die Natur der Sache gestützt werden kann, äußerst umstritten[100]. Im Völkerrecht ist diese Frage umfassend bisher nicht untersucht worden; dabei ist allerdings zu berücksichtigen, daß die Literatur ohne nähere Begründung manchmal für die Entwicklung eines Rechtssatzes nur auf die Natur der Sache zurückgreift[101]. Die Frage kann hier dahingestellt bleiben, weil die Natur der Sache auf jeden Fall, wohl bei der *Interpretation* des Eurocontrol-Vertrages, den auch die Bundesrepublik Deutschland ratifiziert hat, berücksichtigt werden kann[102]. Allerdings

[100] Vgl. etwa die Literatur bei *Bleckmann,* Die Aufgaben einer Methodenlehre des Völkerrechts (Anm. 3), S. 51, Anm. 151.

[101] Insbesondere bei *Dahm,* Bd. I (Anm. 30), finden sich zahlreiche Hinweise auf die Natur der Sache. Vgl. ferner *Bleckmann,* Die Aufgaben einer Methodenlehre des Völkerrechts (Anm. 3), S. 43.

[102] ICJ rep. 1949, S. 180.

setzen die folgenden Ausführungen voraus, daß die obige Auslegung des Eurocontrol-Vertrages, nach welcher dieses Abkommen die Immunität für die Funktionsfähigkeit der Eurocontrol ausschließt, nicht zutreffend ist.

In der Tat hat der IGH aus der Auslegung der UNO-Satzung, im Ergebnis aber aus der Natur der Sache, die Kompetenz der UNO und damit wohl aller internationaler Organisationen mit internationaler Rechtspersönlichkeit abgeleitet, für ihre Bediensteten den diplomatischen Schutz auszuüben[102]. Im Genocoid-Fall hat der IGH aus dem Ziel des Völkermord-Abkommens, im Ergebnis aber wohl aus der Natur der Sache, für alle ähnlich strukturierten Verträge generelle Regeln der Vorbehaltsproblematik bei Völkerrechtsverträgen entwickelt[103], welche die Wiener Vertragsrechtskonvention weitgehend als Völkergewohnheitsrecht akzeptiert hat[104]. Die „Kündigungsklausel" und die *„clausula rebus sic statibus"* sind zunächst durch Auslegung bestimmter Verträge, d. h. aber wohl aus der Natur der Sache entwickelt worden, ohne daß konkrete Anhaltspunkte im Vertrag vorlagen. Es ist also offensichtlich möglich, aufgrund der Natur der Sache, etwa der Synallagmatik der Verträge[105], durch „generalisierende" Auslegung allgemeine Völkerrechtsregeln für Verträge zu entwickeln.

2. Welche Gründe der Natur der Sache sprechen also im Rahmen der Auslegung der Satzung von Eurocontrol für eine Immunität und wieweit reicht diese Immunität?

a) Nach Art. 18 I der Wiener Vertragsrechtskonvention[106] sind die Staaten, die einen Vertrag unterzeichnet haben, bis zur Ratifikation oder bis zur Ablehnung dieser Ratifikation verpflichtet, sich aller Handlungen zu enthalten, die dem Ziel und Zweck eines Vertrages zuwiderlaufen. Was aber vor der Ratifikation gilt, muß um so mehr nach der Ratifikation gelten. Die Mitgliedstaaten einer Satzung einer internationalen Organisation dürfen also nicht gegen die Ziele der Satzung verstoßen. Sie dürfen mit anderen Worten nicht gegen die Allgemeininteressen der betreffenden Gemeinschaft verstoßen, welche die internationale Organisation durchsetzen soll. Diese Regel findet sich zwar ausdrücklich nur in Art. 5 des EWG-Vertrages, dürfte aber allgemeines Völkerrecht darstellen. Auf die Eurocontrol bezogen, darf die Bundesrepublik also die Funktionsfähigkeit der internationalen Organisation,

---

[103] *Bleckmann,* Die Funktionen der Lehre im Völkerrecht (Anm. 75).

[104] Siehe Art. 19 ff. Wiener Vertragsrechtskonvention.

[105] Vgl. dazu *Bleckmann,* Die Aufgaben einer Methodenlehre des Völkerrechts (Anm. 3); *ders.,* Die Funktionen der Lehre im Völkerrecht (Anm. 75).

[106] *Bleckmann,* Grundgesetz und Völkerrecht (Anm. 24), S. 28; *Lettow,* Die völkerrechtliche Bindung nicht ratifizierter Verträge, 1953.

die Flugsicherungstätigkeit von Eurocontrol nicht gefährden. Daraus fließt eine auf die Funktionsfähigkeit von Eurocontrol hinsichtlich ihrer Primäraufgaben (nicht hinsichtlich ihres Personals!) beschränkte Immunität.

b) Das Gutachten von *Seidl-Hohenveldern* stützt sich auf das in den Personalstatuten der internationalen Organisationen enthaltene Verbot, nach dem die Bediensteten jede Möglichkeit einer Beeinflussung durch die Mitgliedstaaten zu meiden haben. Es wäre eine schwerwiegende Verletzung dieses Gedankens und der sich daraus ergebenden Bindungen der Beamten, wenn diese für die Regelung anfälliger Streitigkeiten mit ihrer Organisation den Schutz der Gerichte ihrer Heimatstaaten anrufen wollten.

Im einzelnen bleibt dieser Gedanke bei *Seidl-Hohenveldern* allerdings unklar. Wenn er damit nur sagen will, daß der Kläger durch die Anrufung eines internationalen Gerichts gegen seine Dienstpflichten verstößt, wie er dies an anderer Stelle ausdrückt, wäre dieser Schluß bei der Beurteilung der internationalen Zuständigkeit durch ein deutsches Gericht unbeachtlich. *Seidl-Hohenveldern* meint aber wohl, daß in diesen Bestimmungen — wie in anderen, ähnlichen Vorschriften der internationalen Organisationen[107] — die Notwendigkeit der Unparteilichkeit und Unabhängigkeit der internationalen Beamten verankert ist, die zu einer Immunität der Beziehungen zwischen den Beamten und der internationalen Organisation führen müsse.

aa) Daß die Satzungen der internationalen Organisationen von der Unabhängigkeit und Unparteilichkeit ihrer Beamten ausgehen, ist sicherlich richtig. Diese Unabhängigkeit und Unparteilichkeit hat unterschiedliche Gründe:

(1) Bei den von den Staaten unabhängigen Kommissionen und Generalsekretariaten, etwa bei der Kommission der EG, hat die Unabhängigkeit und Unparteilichkeit der Kommission den Zweck, daß die Kommission unbeeinflußt durch die Staaten die im Vertrag verankerten europäischen Allgemeininteressen *richtig erkennt und durchsetzt.* Dabei spielt bei der Unabhängigkeit der untergeordneten Beamten von den Staaten sicherlich auch der Gedanke eine Rolle, daß bei einem zu starken staatlichen Einfluß die Hierarchie der Kommission untergraben und — da in der Kommission unterschiedliche Staatsangehörige arbeiten — die einheitliche Willensbildung der Kommission gestört wird.

(2) In den meisten internationalen Organisationen ist das Generalsekretariat dem Willen *aller* Staaten unterworfen. Hier fordert der Gedanke, daß das Generalsekretariat allen Staaten gemeinsam und nicht

[107] So im EWG-Vertrag für die Kommission.

einem einzelnen Staat unterworfen ist, daß das Generalsekretariat den Willen aller Staaten und nicht eines einzelnen Staates ausführen soll, die Unparteilichkeit und Unabhängigkeit des Generalsekretariats von einzelnen Staaten. Daneben tritt auch hier das Anliegen der Wahrung der Hierarchie und der Möglichkeit einer einheitlichen Willensbildung.

(3) Daneben spielt sicherlich eine Rolle, daß das Generalsekretariat — den staatlichen Prinzipien entsprechend — dem Amtsprinzip verhaftet ist, das zur Sachlichkeit und zur Erhaltung des Gleichheitssatzes zwischen den Staaten bei der Willensbildung und bei der Anwendung des Rechts der internationalen Organisationen auf die Staaten führt. Daneben tritt unter Umständen auch der Schutz des einzelnen internationalen Beamten vor der Macht seines Heimatstaates.

bb) Die angeführten Gründe für die Unparteilichkeit und Unabhängigkeit der internationalen Beamten verstärken die obige Argumentation, daß die internationalen Beamten bei der Durchführung der Primäraufgaben der internationalen Organisation auch von staatlichen Gerichten unabhängig sein müssen. Die Durchführung der Primäraufgaben der internationalen Organisationen wird aber durch eine gesetzliche und richterliche Regelung des *Status* des Beamten durch den Sitzstaat nicht berührt. Das zeigt sich deutlich bei der Parallele der Unabhängigkeit der internationalen Beamten zur Unabhängigkeit der nationalen Richter. Niemand ist bisher auf den Gedanken gekommen, daß die gesetzliche Regelung und die richterliche Entscheidung über den Status der Richter deren Unabhängigkeit berührt. Dabei ist überdies zu bedenken, daß bei der Argumentation von *Seidl-Hohenveldern* auch der fremde Einfluß auf das Beamtenstatut von Eurocontrol durch das Verwaltungsgericht der ILO die Unabhängigkeit und die unabhängige Willensbildung von Eurocontrol bedrohen könnte.

c) Das Gutachten *Seidl-Hohenveldern* stützt sich zweitens auf die Tatsache, daß durch den Eingriff der nationalen Rechtsprechung in das Verhältnis zwischen den internationalen Beamten und der Organisation der durch den Vertrag vorgesehene Willensbildungsprozeß gestört und in eine falsche Richtung gelenkt werde. Dieser Gedanke schließt sicherlich den Eingriff in die Primärtätigkeit, in das Verhältnis zwischen den Organen, in die Tätigkeit des Personals aus. Auch davon muß der Eingriff in den *Statuts* unterschieden werden, der die Tätigkeit der internationalen Organisation bei den Primäraufgaben grundsätzlich nicht stört.

d) Als letzten Grund führt *Seidl-Hohenveldern* an, daß durch die — sicherlich unterschiedlich urteilenden — nationalen Gerichte die Einheit der Rechtsprechung gefährdet und damit die Funktionsfähigkeit der internationalen Organisation beeinträchtigt werde.

aa) Diese Argumentation setzt zunächst voraus, daß das allgemeine Völkerrecht die Funktionsfähigkeit der internationalen Organisation nicht nur hinsichtlich ihrer Primäraufgaben, sondern auch hinsichtlich ihrer *Personalhoheit* schützt. Dafür bietet die Auslegung der allgemeinen Funktionen internationaler Organisationen keine Anhaltspunkte.

bb) Selbst wenn das allgemeine Völkerrecht die Funktionsfähigkeit der internationalen Organisationen auch hinsichtlich ihrer Personalhoheit schützen sollte, sind die Argumente von *Seidl-Hohenveldern* nicht zutreffend:

(1) Zunächst ist hervorzuheben, daß grundsätzlich für alle in Karlsruhe beschäftigten Beamten nur *deutsche* Gerichte zuständig sind, so daß aufgrund des Instanzenweges die Einheit der Rechtsprechung gewahrt werden kann.

(2) Zweitens ist nicht ersichtlich, warum unterschiedliche Entscheidungen hinsichtlich des Status der internationalen Beamten die Funktionsfähigkeit internationaler Organisationen hinsichtlich ihrer Personalhoheit stören sollten. Die unterschiedlichen Entscheidungen können die internationalen Organisationen nur zwingen, die Beamten unterschiedlich zu behandeln. Allerdings könnte dadurch eine Mißstimmung unter den Beamten auftreten, welche das Funktionieren der Agentur stört. Das könnte aber dadurch ausgeglichen werden, daß Eurocontrol *allen* Beamten die Vorteile sichert, die sie nach den den Beamten jeweils *günstigsten* Urteilen zu gewähren hat. Eine solche generalisierende Anpassung des Beamtenrechts an in Einzelfällen ergangene Gerichtsentscheidungen ist ja auch bei der ausschließlichen Zuständigkeit eines internationalen Verwaltungsgerichts erforderlich.

(3) Unbestreitbar unterliegen die internationalen Organisationen hinsichtlich ihrer privatrechtlichen Verträge der nationalen Rechtsprechung. Auch hier müßte der Gedanke der Einheitlichkeit der Rechtsprechung dazu führen, die nationale Gerichtsbarkeit auszuschließen.

(4) Ferner ist darauf hinzuweisen, daß die internationalen Organisationen einen Apparat für die gerichtliche Entscheidung von Streitigkeiten und für die Zwangsvollstreckung selbst nicht besitzen. Die Funktionsfähigkeit der internationalen Organisationen setzt geradezu voraus, daß sie die Verkäufer, Vermieter, die internationalen Beamten — etwa bei einer zu hohen Gehaltszahlung nach der Entlassung — vor nationalen Gerichten verklagen und die so erstrittenen Urteile in der Zwangsvollstreckung durchsetzen können.

(5) Die Funktionsfähigkeit internationaler Organisationen darf schließlich nicht höher eingeschätzt werden als die Funktionsfähigkeit der Staaten. Bei den Staaten ist heute aber allgemeine Ansicht, daß die

Funktionsfähigkeit nur bei einer Beurteilung der acta iure imperii gestört wird. Für acta iure gestionis, für alle Akte, die keine acta iure imperii sind, müssen die staatlichen Gerichte auch bei internationalen Organisationen zuständig sein.

e) Die Regel, nach welcher die internationalen Organisationen für die Erfüllung ihrer Primäraufgaben Immunität von den staatlichen Gerichten genießen, stützt sich auf Ansätze von Völkergewohnheitsrecht in den Immunitätsverträgen der internationalen Organisationen, auf die Prinzipien, welche der Staatenimmunität zugrunde liegen, auf die Analogie und auf die Natur der Sache. Wenn man nun auch die Natur der Sache bei der völkerrechtlichen Auslegung des Eurocontrol-Vertrages berücksichtigen kann und dieser Vertrag infolge des deutschen Zustimmungsgesetzes in deutsches Recht transformiert ist, ist hinsichtlich der anderen Rechtsquellen für die Immunität die *Umsetzung in staatliches Recht* fraglich. Zum Tragen käme hier nur eine Anwendung des Art. 25 GG. Hier ist aber schon fraglich, ob diese Bestimmung nicht nur Völkergewohnheitsrecht und allgemeine Rechtssätze transformiert[108], nicht aber Rechtssätze, die auf der Natur der Sache oder auf der Analogie beruhen oder Grundprinzipien des Völkerrechts wie dem Satz pacta sunt servanda[109]. Vor allem ist denkbar, daß sich Art. 25 GG nur auf sicheres und nicht auf beginnendes Völkerrecht richtet, daß diese Bestimmung also bei der Transformation davon ausgeht, daß der Rechtssatz zunächst in den flexibleren Verfahren der Völkerrechtsordnung sich vollkommen durchgesetzt hat, bevor er in den strenger bindenden Verfahren des nationalen Rechts vollzogen werden kann[110].

---

108 Zur Auslegung des Art. 25 GG vgl. vor allem *Rojahn*, Art. 25 GG, in: von Münch, Grundgesetz-Kommentar, Bd. 2, 1976, Rdnr. 5, 6.

109 Auf diesen Gedanken beruht die Tatsache, daß etwa das GATT innerstaatlich nicht anwendbar ist; vgl. *Zuleeg*, Die innerstaatliche Anwendbarkeit völkerrechtlicher Verträge am Beispiel des GATT und der Europäischen Sozialcharta, ZaöRV 35, 1975, S. 341.

110 *Bleckmann*, Begriff und Kriterien der innerstaatlichen Anwendbarkeit völkerrechtlicher Verträge, Berlin 1970.

D. Die Konkretisierung der außervertraglichen Immunität von Eurocontrol

Auch die folgenden Erörterungen greifen nur ein, wenn das Gericht unserer Auslegung des Eurocontrol-Vertrags, nach dem der Vertrag selbst die Eurocontrol hinsichtlich der Tätigkeit und ihrer Personalhoheit ausdrücklich der nationalen Gerichtsbarkeit unterwirft, nicht folgt.

Im Abschnitt C. haben wir gezeigt, daß die außervertragliche Immunität der Eurocontrol auf Ansätze des Völkergewohnheitsrechts, auf den Grundprinzipien der Staatenimmunität, auf der Analogie zur Staatenimmunität und auf der Natur der Sache beruht.

1. Mit hinreichender Sicherheit kann man dabei die Immunität der internationalen Organisationen nur auf beginnendes Völkergewohnheitsrecht stützen, das in den Satzungen der internationalen Organisationen zum Ausdruck kommt, und nach dem die Immunität der internationalen Organisationen soweit reicht, wie dies für die Erfüllung ihrer (Primär-)Aufgaben notwendig ist, und auf eine auf der Natur der Sache aufbauenden Auslegung der Verträge. Nach beiden Rechtsquellen ist die Immunität nur auf die zur Erfüllung der *Primäraufgaben* der internationalen Organisationen, die Konkretisierung der Allgemeininteressen der betreffenden Gemeinschaft notwendigen Immunitäten beschränkt. Für das Verhältnis zwischen der Organisation und ihren Bediensteten wird diese Immunität nur praktisch, wenn und soweit die Rechtsprechung über den Status der Beamten die Primäraufgaben der internationalen Organisation stört. Das ist aber bei einer reinen Beurteilung von Statusfragen der internationalen Beamten nur selten der Fall. Insbesondere durch eine Entscheidung über die Pflicht der internationalen Organisation, einen Beamten bei der deutschen Sozialversicherung zu versichern, wird die Primärtätigkeit von Eurocontrol — die Flugsicherung und die Gebührenerhebung — nicht berührt.

2. Geht man aber von den anderen Rechtsquellen der Immunität der internationalen Organisationen und insbesondere von der Analogie zur Staatenimmunität aus, wird die Unterscheidung zwischen acta iure imperii und acta iure gestionis auch für die internationalen Organisationen von Bedeutung. Dasselbe gilt, wenn man die Regel, wonach die Immunität der internationalen Organisationen soweit reicht, wie es für die Erfüllung ihrer Aufgaben erforderlich ist, im Gegensatz zu den obigen Ausführungen auch auf die Personalhoheit der internationalen

Organisationen erstreckt; diese Immunität geht jedenfalls nicht weiter als die Staatenimmunität. Im folgenden ist also zu untersuchen, wie weit die Immunität der internationalen Organisationen reicht, wenn man auf sie die Regeln der Staatenimmunität anwendet.

3. Die Regeln über die Staatenimmunität gehen heute von der Unterscheidung zwischen acta iure imperii und acta iure gestionis, von der Unterscheidung zwischen actes de puissance publique und actes de gestion privée aus[111]. Die Einzelheiten bleiben dabei völlig unklar. Unsicher ist zunächst, wieweit das Völkerrecht diese Fragen selbst regelt und inwieweit es auf das Landesrecht verweist[112]. Unklar ist bei der Verweisung auf das Landesrecht ferner, ob es auf das Recht des Forumsstaates[113] oder auf das Recht des fremden Staates ankommt. Unklar bleibt schließlich, ob die Unterscheidung zwischen acta iure imperii und acta iure gestionis sich auf das ganze Rechtsverhältnis (öffentliches Recht oder privates Recht) oder nur auf einen Akt bezieht. Die folgen-

---

111 Vgl. dazu die eingehende Darstellung der nationalen Rechtsprechung in zahlreichen Staaten, in BVerfGE 16, 27. Dazu ist folgende Literatur heranzuziehen: *Helmut G. Alexy,* Die Immunität fremder Staaten vor amerikanischen Gerichten, 1960: *Eleanore W. Allen,* The Position of Foreign States before National Courts chiefly in Continental Europe, 1933; *Achille Bianchi,* Il problema della giurisdizione degli Stati esteri con paricolare riguardo alla giurisdizione egiziana, 1955; Cahiers de droit international de l'Institut de sociologie de l'Université de Bruxelles et de l'Université de Louvain, L'Immunité de juridiction et d'exécution des Etats, 1969; *L. Cavaré,* L'immunité de juridiction des Etats étrangers, RGDIP 59, 1954, S. 177; *Theodor R. Giuttari,* The American Law of Souvereign Immunity, 1970; *A. Gmür,* Zur Frage der gerichtlichen Immunität fremder Staaten, Schweizer Zeitschr. f. intern. Recht, 1950 VII, S. 9; *Edwin A. Gmür,* Gerichtsbarkeit über fremde Staaten, 1948; *Kiesgen* (Anm. 70); *Loening,* Die Gerichtsbarkeit über fremde Staaten, 1903; *Massimo Panebianco,* Giurisdizione interna e immunità degli Stati stranieri, 1967; *L. van Praag,* Juridiction et droit international public, 1915; *Renco Provinciali,* L'immunità giurisdizionale degli Stati stranieri, 1933; *Botho Spruth,* Gerichtsbarkeit über fremde Staaten, 1929; *Staehelin,* Die gewohnheitsrechtliche Regelung der Gerichtsbarkeit über fremde Staaten im Völkerrecht, 1969; *Sompong Sucharitkul,* State Immunites and Trade Activities in International Law, 1959; *André Weiss,* Compétence ou incompétence des tribunaux à l'égard des Etats étrangers, RdC I, 1923, S. 525.

Diese Literatur hat sich ganz überwiegend für die beschränkte Immunität ausgesprochen und beruft sich dabei auf die Unterscheidung zwischen acta iure imperii und acta iure gestionis. Die Staatenimmunitätskonvention des Europarats folgt zwar anderen Unterscheidungen, hat sich aber als Völkergewohnheitsrecht sicher nicht durchsetzen können (vgl. dazu die Cahiers der Universitäten Brüssel und Louvain, ferner *M. Sinclair,* ICLQ 22, 1973, S. 254). Auch die britischen Gerichte haben sich neuerdings der beschränkten Staatenimmunitätstheorie angeschlossen und folgen dabei den bisherigen Kriterien (vgl. Court of Appeal; Trendtex Trading Corporation v. Central Bank of Nigeria, ILM XVI 1977, No. 3, S. 471). Das britische Parlament hat darauf ein Immunitätsgesetz erlassen (State Immunity Act 1978, ILM XVII 1978, S. 1123), das grundsätzlich der Unterscheidung zwischen acta iure imperii und acta iure gestionis folgt.

112 Dazu die zahlreichen Entscheidungen in BVerfGE 16, 27 ff.

113 H. L., vor allem auch BVerfGE 16, 27.

den Ausführungen gehen davon aus, daß das Völkerrecht in diesem Bereich nicht eigentlich auf landesrechtliche Begriffe verweist[114], sondern daß mangels einheitlicher völkerrechtlicher Praxis das nationale Recht nur zur *Lückenfüllung* herangezogen wird. Das bedeutet aber, daß man versuchen muß, der internationalen Praxis soweit wie möglich einheitliche Kriterien und Rechtssätze zu entnehmen.

4. Die Literatur ist sich insbesondere darüber im klaren, daß die Unterscheidung zwischen den acta iure imperii und den acta iure gestionis nicht zu sicheren Ergebnissen führt.

a) Nur selten wird in der Literatur hervorgehoben, daß diese Alternative die Unterscheidung zwischen dem öffentlichen und dem privaten Recht, also die Qualifikation ganzer Rechtsverhältnisse meint[115]. Nur in einem solchen Fall bestünde eine echte Disjunktion zwischen den beiden Begriffen: Aus der Tatsache, daß es sich nicht um bürgerliches Recht handelt, kann auf den öffentlich-rechtlichen Charakter des Rechtsverhältnisses geschlossen werden; aus der Tatsache, daß das Rechtsverhältnis nicht öffentlich-rechtlich zu qualifizieren ist, auf seinen bürgerlich-rechtlichen Charakter.

Gegen diese Theorie ist vor allem einzuwenden, daß sie als generelle Völkerrechtsregel schon deshalb nicht verwertbar ist, weil es die Unterscheidung zwischen dem öffentlichen und dem privaten Recht etwa in den angelsächsischen Staaten nicht gibt. Das Völkerrecht kann zwar für die Frage, ob ein Rechtsverhältnis öffentlich-rechtlich oder privat-rechtlich ist, auf das Landesrecht verweisen. Eine solche Verweisung ist aber für die Vorfrage — was denn eigentlich wie zu qualifizieren ist, ob es auf die Qualifikation des Rechtsverhältnisses als öffentliches oder privates Rechtsverhältnis oder auf die Qualifikation des Aktes ankommt — nicht möglich.

b) Verhältnismäßig oft finden sich in der Literatur oder der Rechtsprechung Hinweise, daß die Immunität ausscheide, wenn ein Rechtsverhältnis als privatrechtliches Rechtsverhältnis zu qualifizieren ist[116]. Dieser Rechtssatz entspricht mit Sicherheit dem heutigen Völkerrecht. Er bedeutet aber nicht notwendig, daß, wenn ein Rechtsverhältnis nicht als privatrechtlich qualifiziert werden kann, die Immunität notwendig eingreift. Soweit ersichtlich, spricht sich nur der Entwurf der Harvard Law School für einen solchen Rechtssatz aus[117]. Das bedeutet allerdings nicht notwendig, daß dieser Rechtssatz nicht vertreten werden könnte:

---

114 So aber das BVerfG, E 16, 27.

115 So eigentlich nur *O'Connell*, International Law, Bd. 2, 1965, S. 917. Das BVerfG (Anm. 112) drückt sich insoweit sehr vorsichtig aus. Dagegen ausdrücklich *Kiesgen* (Anm. 70), S. 56, und *Schaumann* (Anm. 12), S. 95.

116 Vgl. die zahlreichen Entscheidungen in BVerfGE 16, 27 ff.

117 Der Entwurf (AJIL Suppl. Bd. 26, 1932, S. 597) begründet zunächst die

aa) Für einen solchen Rechtssatz, der die Immunität der Staaten nur für privatrechtliche Streitigkeiten ausschließt, sprechen in der Tat eine Reihe von Gründen:

(1) Zunächst war der Anstoß für die beschränkte Staatenimmunität die Tatsache, daß die meisten Staaten und insbesondere die Sowjetunion in ständig wachsendem Maße Wirtschaftstätigkeit ausüben. Die Frage der beschränkten Immunität stellte sich deshalb zunächst bei den sowjetischen Handelsmissionen und bei den Staatshandelsschiffen. Es handelte sich also vor allem darum, Tätigkeiten, die in den Rechtsordnungen der westlichen Demokratien als privatrechtlich qualifiziert werden, von der Immunität auszuschließen.

(2) Für die Beschränkung der staatlichen Immunität war ferner der Rechtsstaatsgedanke in Verbindung mit der Tatsache entscheidend, daß alle Staaten der Welt zumindest ihre privatrechtliche Tätigkeit den Entscheidungen nationaler Gerichte unterwerfen. Die Entwicklung der eigenen Gerichtsbarkeit auf die öffentlich-rechtliche Tätigkeit fremder Staaten war nach der Begründung von Verwaltungsgerichten für die eigene öffentlich-rechtliche Tätigkeit schwierig, weil diese Verwaltungsgerichte grundsätzlich nur für die eigenen Verwaltungsakte zuständig waren und nur eigenes, nicht fremdes öffentliches Recht anwenden konnten.

bb) Die überwiegenden Gründen scheinen aber gegen eine solche Theorie zu sprechen: Nach der herrschenden Lehre scheint die Immunität nicht schon dann einzugreifen, wenn ein Rechtsverhältnis nicht als privatrechtlich zu qualifizieren ist, sondern nur dann, wenn ein Akt zu beurteilen ist, der sich als Hoheitsakt darstellt:

(1) Die überwiegende Literatur versucht in der Tat, den acte de puissance publique näher zu qualifizieren, um die Immunität zu begrenzen. Als acta iure imperii werden dabei nur Hoheitsakte in einem Subordinationsverhältnis angesehen[118]. Es wird unterstrichen, daß es dem

---

umfassende Immunität fremder Staaten und durchbricht diese Regel anschließend durch eine Reihe von Ausnahmen. So heißt es etwa in Art. 11: „A State may be a respondent in a proceeding in a. court of another State, when, in the territory of such another State, it engages in an industrial, commercial, financial or other business.“ Ebenso der zitierte britische State Immunity Act 1978.

118 Aus der umfassenden Literatur seien zitiert: *Alexy* (Anm. 111), S. 171; *Allen* (Anm. 111), S. 339; *O'Connell* (Anm. 115), S. 918); *Kiesgen* (Anm. 70), S. 53 - 56 m. w. N.; *Loening* (Anm. 111), S. 67; *A. Weiss* (Anm. 111). Vgl. auch BGHZ 18, 1.

Besonders deutlich in diese Richtung geht die Resolution des Institut de droit international von 1952/54 (Tableau général des resolutions 1873 - 1956, 1957, S. 14, 17). Es heißt dort in Art. 1: „Les tribunaux d'un Etat ne peuvent connaître des litiges ayant trait à des actes de puissance publique accomplis par un Etat étrangers . . .“

fremden Richter verboten ist, die Rechtmäßigkeit und den Inhalt (Auslegung) solcher Akte zu beurteilen[119]. Macht man mit dieser Akttheorie ernst, unterliegen öffentlich-rechtliche Rechtsverhältnisse, bei denen ein solcher Hoheitsakt keine Rolle spielt, der Immunität ebensowenig wie die öffentlich-rechtlichen Rechtsverhältnisse, in denen ein Verwaltungsakt zwar eine Rolle spielt, die aber ohne Beurteilung des Verwaltungsaktes geregelt werden können.

(2) Diesen breiten Bereich der modernen schlicht-hoheitlichen Verwaltung, die nicht obrigkeitlich, also einseitig-hoheitlich geregelt ist, hat die Lehre bei ihrer Qualifizierung der Unterschiede zwischen den actes de puissance publique und den actes de gestion offensichtlich einfach übersehen. Denn die Disjunktion: hier Hoheitsakt — hier privatrechtliches Rechtsverhältnis — geht nicht auf, wenn zwischen dem Hoheitsakt und dem bürgerlichen Recht breite Bereiche schlicht-hoheitlicher Verwaltung treten.

Für den Ausschluß der schlicht-hoheitlichen Verwaltung aus der staatlichen Immunität sprechen nun sehr zahlreiche wichtige Gründe:

Zunächst einmal sollte die Beschränkung der Immunität der Ausdehnung der modernen Staatstätigkeit entgegenwirken, die gerade häufig auch in den westlichen Staaten als schlicht-hoheitliche Verwaltung qualifiziert wird. Ferner wird die schlicht-hoheitliche Verwaltung nicht nach der Subordinationslehre, sondern nach der Interessentheorie, also nach dem Zweck qualifiziert; der Zweck der Handlung soll aber bei der Qualifizierung des Aktes als acte de puissance publique nach der herrschenden Lehre und Rechtsprechung keine Rolle spielen[120]. Drittens greift bei der schlicht-hoheitlichen Verwaltung nicht, wie von der herrschenden Lehre gefordert, ein einseitiger Hoheitsakt ein.

Aber auch für den Einschluß der schlicht-hoheitlichen Verwaltung in die staatliche Immunität sprechen zahlreiche Gründe:

---

[119] Vgl. *Niboyet*, Revue critique de droit international privé, 39, 950, S. 341: „L'immunité de juridiction est accordée en fonction de la qualité de certains défendeurs et pour des raisons d'ordre politique dans les relations internationales ... L'incompétence des tribunaux découle uniquement de la nature de l'acte, acte essentiellement administratif du pays étranger ne peuvent être apprécié par les tribunaux d'un autre pays, sans que ceux-ci ne s'érigent, ce qui serait contraire à l'indépendance des Etats, en contrôleurs de leur propre activité."

[120] Nach der durchaus herrschenden Lehre und Rechtsprechung kommt es auf die Natur, nicht auf den Zweck eines Aktes an, um ihn als acte de puissance publique zu qualifizieren: Vgl. *Kiesgen* (Anm. 70), S. 107; *Manfred Malina*, Die völkerrechtliche Immunität ausländischer Staaten in zivilrechtlichen Erkenntnisverfahren, 1978, S. 223, 228; *P. de Visscher / Joe Verhoeven*, L'immunité de juridiction de l'Etat d'après la jurisprudence belge, in: Cahiers de droit international de l'Institut de sociologie de l'Université de Bruxelles et de l'Université de Louvain, 1969, S. 36 ff.; *A. Weiss* (Anm. 111); BVerfGE 16, 27 ff.

Zunächst kann man darauf hinweisen, daß der Ausschluß des Zwecks bei der Qualifizierung eines Aktes als acte de puissance publique oder als acte de gestion nur für den Fall entwickelt wurde, daß ein an sich privat-rechtlicher Vertrag öffentlich-rechtlichen Zwecken dient (etwa: Kauf von Munition für Armee und Polizei). Außerdem spielt der Zweck eine entscheidende Rolle bei der Immunität vor der Zwangsvollstrekkung und bei der Immunität der Handelsschiffe: Nur öffentlichen Zwekken gewidmetes Staatsvermögen, nur öffentlichen Zwecken dienende Staatsschiffe unterliegen der Immunität. Hinzuweisen ist auch auf die Tatsache, daß zahlreiche Staaten, vor allem Frankreich (Theorie des service public) bei der Qualifizierung des Aktes oder Rechtsverhältnisses auf den öffentlichen Zweck zurückgreifen. Ferner ist zu berücksichtigen, daß auch nach dem innerstaatlichen Recht der meisten Staaten die Verwaltungsgerichte nur öffentlich-rechtliche Streitigkeiten des eigenen Staates beurteilen können und dabei nur das nationale öffentliche Recht anwenden können. Weiter haben wir oben dargelegt, daß die moderne beschränkte Staatenimmunität die Funktionsfähigkeit der Staaten schützen soll, und daß dabei die Funktionsfähigkeit nach der eigenen Einschätzung der Staaten, d. h. danach beurteilt wird, ob der Staat für seine öffentlichen Aufgaben besondere Prärogativen und Vorrechte der öffentlichen Verwaltung begründet hat; auch bei der schlicht-hoheitlichen Verwaltung finden sich aber meistens besondere Regeln, welche das öffentliche Interesse stärker schützen als das Privatrecht. Und schließlich könnte man gegen die Begrenzung der Staatenimmunität auf einseitige Hoheitsakte einwenden, daß diese Theorie Ende des 19. Jh. zu einem Zeitpunkt entwickelt wurde, als die öffentliche Tätigkeit der Staaten fast nur auf Subordinationsakte zurückgriff, daß sich seitdem aber die Auffassung der öffentlich-rechtlichen Tätigkeit mit der Ausweitung der staatlichen Tätigkeit entwickelt habe und das nationale Recht die schlicht-hoheitliche Verwaltung anerkenne; das Völkerrecht müsse diese Änderung der innerstaatlichen Konzeptionen aber zur Kenntnis nehmen.

(3) Der Rechtssatz, daß die Immunität eingreift, wenn ein bürgerlichrechtliches Rechtsverhältnis nicht vorliegt, setzt voraus, daß die Immunität der Staaten die Regel, die Gebietshoheit für acta iure gestionis die Ausnahme, oder daß — was auf eine ähnliche Konstruktion hinausläuft — die Regel die Gebietshoheit, die Ausnahme die auf den Gleichheitssatz und die Souveränität gestützte absolute Immunität der Staaten ist, von der — in Anwendung des Rechtsstaatsprinzips — wiederum eine Unterausnahme für acta iure gestionis zugunsten der Gebietshoheit gemacht werden muß. Dieses System verkehrt aber Regel und Ausnahme in ihr Gegenteil um. Nach der herrschenden Lehre ist die Regel die Gebietshoheit der Staaten, die Ausnahme die Immunität für

acta iure imperii. Wie wir am Anfang unseres Gutachtens gezeigt haben, führt die Umkehrung dieses Vermutungssystems notwendig zur absoluten Immunität der Staaten, weil die Ausnahme von der absoluten Immunität für acta iure gestionis wegen der widersprüchlichen Staatenpraxis — die Ostblockstaaten folgen der Theorie der absoluten Staatenimmunität — im Völkergewohnheitsrecht nicht nachgewiesen werden kann. Das bedeutet aber, daß die Regel, wonach die Immunität eingreift, wenn ein Rechtsverhältnis als bürgerlich-rechtlich zu qualifizieren ist, nicht haltbar ist. Auszugehen ist vielmehr von der Gegenthese, daß die Immunität nur bei acta iure imperii eingreift.

cc) Angesichts der starken Ausrichtung der Lehre und Rechtsprechung auf den *Hoheitsakt* scheint mir folgende Lösung der Problematik richtig:

(1) Zunächst ist zu fragen, ob das betreffende Rechtsverhältnis als privat-rechtliches Rechtsverhältnis zu qualifizieren ist. Ist dies der Fall, ist die Immunität des fremden Staates und der internationalen Organisation abzulehnen.

(2) Ist das Rechtsverhältnis als öffentlich-rechtliches Rechtsverhältnis zu qualifizieren, greift die Immunität nur ein, wenn und soweit es um die Beurteilung eines Hoheitsaktes und seiner Wirkungen geht.

(3) Dabei ist die Qualifikation des Aktes nicht auf den Zweck oder die Form, sondern auf die Natur des Aktes, auf die einseitige Regelung im Subordinationsverhältnis abzustellen. Welche Kriterien an einen solchen Akt anzulegen sind, um ihn als Hoheitsakt zu qualifizieren, richtet sich dabei nach deutschem Recht nach der Qualifikation als lex fori. Die Qualifikation des Hoheitsaktes ist dabei auf jeden Fall zu bejahen, wenn es sich im deutschrechtlichen Sinne um einen Verwaltungsakt handelt. Hoheitsakte im Sinne des Völkerrechts sind aber auch innerdienstliche Rechtsakte (Verwaltungsverordnung und Weisung), die nationale Rechtsprechung, die nationale Gesetzgebung usw.

(4) Nach der herrschenden Lehre und der Rechtsprechung des Bundesverfassungsgerichts soll die gesamte Qualifikation des Aktes nach deutschem Recht als lex fori erfolgen. Eine solche Qualifikation nur aus der deutschen Sicht ist aber unmöglich:

α) Geht man von dem Lebensverhältnis, also dem Beamtenverhältnis aus, fragt sich immer, ob der fremde „Beamte“ ein Beamter im Sinne des deutschen Rechts ist. Es werden dann die deutschen Kriterien für ein Beamtenverhältnis herangezogen, ob diese Kriterien vorliegen, kann aber nur unter Würdigung der fremden Rechtsvorschriften entschieden werden.

β) Geht man dagegen mit der herrschenden Lehre davon aus, daß der Ausschluß der Immunität sich auf einen einseitigen Hoheitsakt beschränkt, kann die Frage, ob und inwieweit ein bestimmtes ausländisches Rechtsverhältnis durch einen solchen einseitigen Hoheitsakt geregelt ist, ob ein echtes Subordinationsverhältnis vorliegt, offensichtlich nur durch eine Beurteilung der fremden Rechtsordnung anhand der deutschen Kriterien des Hoheitsaktes entschieden werden. Es ist also zu untersuchen, ob die im fremden Recht ergehenden Akte Hoheitsakte im Sinne der deutschen Definition (Subordinationsverhältnis, Verwaltungsakt usw.) sind.

5. Nach den bisherigen Ausführungen ist nicht zu prüfen, ob das Rechtsverhältnis der Beamten bei Eurocontrol nach der deutschen Konzeption ein privat-rechtliches oder ein öffentlich-rechtliches Rechtsverhältnis darstellt. Wenn es sich um ein privatrechtliches Rechtsverhältnis handelt, scheidet die außervertragliche Immunität der Eurocontrol aus:

a) Das weitgehend einem gemeinsamen Modell folgende Beamtenrecht der internationalen Organisationen[121] stimmt weithin mit dem nationalen Beamtenrecht, insbesondere mit dem deutschen Beamtenrecht[122] überein. Materiellrechtlich gesehen, wird das internationale Beamtenverhältnis durch eine enge Verbindung von zweiseitigem Vertrag mit einem einseitigen Ernennungsakt begründet. Die Beamten sind grundsätzlich denselben Pflichten wie nationale Beamte, insbesondere einer über ein normales Arbeitsverhältnis hinausgehenden Loyalitätspflicht unterworfen. Eine Verletzung dieser Pflichten kann in einem formalisierten Disziplinarverfahren geahndet werden, das zu Sanktionen bis zum Ausschluß aus dem Dienstverhältnis führen kann. Das Beamtenverhältnis kann im Interesse des öffentlichen Dienstes einseitig-hoheitlich beendet werden.

Die materiellrechtliche Übereinstimmung des internationalen Dienstrechts mit dem nationalen und insbesondere dem deutschen Beamtenrecht führt aber wegen der weitgehenden Annäherung des privatrechtlich gestalteten Angestelltenrechts in allen Ländern und vor allem in

---

121 Zum folgenden vgl. *Suzanne Badevant,* Les Fonctionaires internationaux, 1931; *Mohammed Bedjaoui,* Fonction publique internationale et influences nationales, 1958; *Roger Block / Jaqueline Lefêvre,* La fonction publique internationale et européenne, 1963; *Klaus Bornemann,* Das Recht der Bediensteten internationaler Organisationen. Ein Vergleich zu den staatlichen Dienstrechtsystemen, 1964 *Getz-Jüttner,* Personal in internationalen Organisationen, 1972; *Georges Langrod,* La fonction publique internationale, 1963; *Siegfried Thomas,* Die Rechtsstellung des Personals bei internationalen Organisationen, 1970.

Zum europäischen Dienstrecht vgl. etwa: *August M. Euler,* Europäisches Beamtenstatut (Kommentar), 1966; La fonction publique européenne, Publications de l'Institut pour la comparaison et le rapprochement des droits européens, Saarbrücken 1956; *Gérald Henry,* La fonction publique européenne, 1961; *Kordt / Gaudemet / Kern,* Der Europäische Dienst, 1955; *Paul van de Meersche,* Het Europees openbaar Ambt, 1965.

122 Für den Rechtsvergleich vgl. *Klaus Bornemann* (Anm. 121).

der Bundesrepublik Deutschland an das Beamtenrecht nicht notwendig zu einer öffentlich-rechtlichen Qualifikation des internationalen Beamtenrechts. Stärker für eine solche öffentlich-rechtliche Qualifikation spricht dagegen die Tatsache, daß die internationalen Beamten in einem Subordinationsverhältnis zu ihrer Organisation stehen, das sich in der Tatsache ausdrückt, daß einerseits die Beamten ohne ihre Zustimmung an Änderungen des einseitig erlassenen Personalstatuts gebunden sind[123] und andererseits im Prozeßrecht der internationalen Verwaltungsgerichte die im Beamtenverhältnis erlassenen Akte als Verwaltungsakte qualifiziert werden, die grundsätzlich trotz Verstoßes gegen höherrangiges Recht zunächst gültig sind und nur aufgrund eines Anfechtungsverfahrens von den internationalen Verwaltungsgerichten aufgehoben werden[124]. Das Anfechtungsverfahren ist dabei weitgehend dem französischen recours pour excès de pouvoir nachgebildet, dem das deutsche Anfechtungsverfahren weitgehend entspricht.

b) Dennoch bestehen grundsätzliche Bedenken dagegen, das gesamte internationale Beamtenverhältnis als öffentlich-rechtliches Rechtsverhältnis zu qualifizieren. Denn die Rechtsprechung der internationalen Verwaltungsgerichte, welcher die Lehre weitgehend folgt, spaltet das an sich einheitliche Beamtenverhältnis in einen vertraglich und in einen gesetzlich geregelten Teil auf[125]. Dabei gehören zum vertraglichen Teil

[123] *Akehurst,* Unilateral Amendment of Conditions of Employment in international Organizations, BYIL XL, 1964, S. 286.

[124] Zum Prozeßrecht der internationalen Verwaltungsgerichte vgl. *Jacques Balloud,* Le tribunal administratif de l'Organisation international du Travail et sa jurisprudence, 1967; *Suzanne Badevant,* Le tribunal administratif de la Société des Nations, 1926; *Byung Chul Koh,* The United Nation's Administrative Tribunal, 1966; *Andrei Coma,* Le Giurisdizioni amministrative delle Organizzazioni internazionali, 1968; *Jans-Peter Furrer,* La protection jurisdictionelle du particulier au sein des organisations internationales, 1969; *John Kerry King,* International Administrative Jurisdiction, 1966; *Pierre Siraud,* Le tribunal administratif de la Société des Natons, 1942; *Anna Maria del Vecchio,* Il Tribunale amministrativo delle Nazioni Unite, 1972.

[125] Im allgemeinen wird der vertragliche Charakter des Dienstverhältnisses der internationalen Beamten von der internationalen Gerichtsbarkeit stark unterstrichen. Daß es sich beim Rechtsverhältnis der Beamten der UNO um ein Vertragsverhältnis handelt, hat der IGH in seinem Rechtsgutachten über „Effect to Awards of Compensation made by the United Nations Administrative Tribunal" vom 13. Juli 1954 (ICJ Rep. 1954, 47) mehrfach betont. Auch der EuGH geht in ständiger Rechtsprechung vom Vertragscharakter der Dienstverhältnisse aus (vgl. *Dahm,* Bd. II [Anm. 55], S. 79, Anm. 3). Das Verwaltungsgericht der UNO unterscheidet zwischen einem vertraglichen und einem statutorischen Teil des Anstellungsverhältnisses (vgl. *Gordon,* ILR 1953, 493; *Kaplan,* ILR 1953, 506; *Rubin,* Clunet 80, 1953, 924; *Wallach,* ILR 1954, 372; weitere Entscheidungen in ILR 1943, 499). Zur Rechtsprechung der Verwaltungsgerichte auch *Bedjaoui* (Anm. 121), S. 133; *Guggenheim,* in: Festschr. f. Wehberg, 1954, S. 143, und vor allem neuerdings *Alain Planteey,* Droit et pratique de la fonction publique internationale, 1977, S. 81 ff. Im zitierten Urteil Rubin führt das Verwaltungsgericht der UNO aus: „On est amené à distinguer dans la situation juridique

alle Rechtsstreitigkeiten, die aus dem Anstellungsvertrag erwachsen und im Personalstatut nicht geregelt sind, also auch im vorliegenden Fall der geltend gemachte Anspruch auf Versicherung in der deutschen Sozialversicherung. Diesen vertraglichen Teil des Beamtenverhältnisses kann man dabei nicht als öffentlich-rechtlichen Vertrag qualifizieren[126], weil dieses Rechtsinstitut des öffentlich-rechtlichen Vertrages nur im deutschen und im französischen Verwaltungsrecht, neuerdings auch im Recht der EWG[127], nicht aber im Recht der anderen Mitgliedstaaten von Eurocontrol und im Rest der Welt bekannt ist. Es handelt sich also notwendig um einen privatrechtlichen Arbeitsvertrag.

c) Wenn man das beamtenrechtliche Vertragsrecht nicht als privatrechtliches, sondern als öffentlich-rechtliches Vertragsverhältnis ansehen will oder wenn man den im konkreten Rechtsstreit erhobenen Anspruch nicht dem Vertragsrecht zuordnen will, bleibt immer noch eine Reihe von Möglichkeiten, das Rechtsverhältnis des Klägers innerstaatlich als privatrechtliches Dienstverhältnis zu qualifizieren:

aa) Zunächst kann man die „hoheitlichen" Elemente des Dienstverhältnisses der internationalen Beamten trotz der Anlehnung des materiellen und des Verfahrensrechts für internationale Beamte an das nationale öffentliche Recht dann als privatrechtliches Arbeitsverhältnis qualifizieren, wenn man die Bindung der Beamten an einseitige generelle und individuelle Hoheitsakte der Verwaltung wie im privaten Arbeitsverhältnis auf eine im Dienstvertrag festgelegte antizipierte Zustimmung zu einer späteren einseitigen Änderung oder Konkretisierung des Arbeitsverhältnisses zurückführt. In der Tat spielt das Element des Willens des Beamten als Voraussetzung der Begründung des besonderen Beamtenverhältnisses (Unterwerfungsakt) eine entscheidende Rolle. Würde man im internationalen Beamtenrecht dieses Willenselement auch auf den *Inhalt* des Beamtenverhältnisses erstrecken, würden die rechtlichen Schwierigkeiten der Konstruktion einer Personalhoheit der internationalen Organisation, insbesondere im Rahmen des Art. 24 GG, am leichtesten überwunden.

bb) Man kann auch umgekehrt die einseitig-generellen Akte (Verwaltungsstatut des Personals) aus dem konkreten Arbeitsverhältnis

des membres du personnel des éléments contractuels et des éléments réglementaires: Est contractuel tout ce qui touche à la situation particulière de chaque membre du personnel, par exemple, la nature du contrat, le traitement, le grade: est réglementaire tout ce qui touche d'une facon générale à la nécessité de son bon fonctionnement, par exemple, les règles générales n'ayant pas un caractère personnel."

126 So wohl der EuGH wegen der spezifischen Verhältnisse in der EG und insbesondere der Anerkennung öffentlich-rechtlicher Verträge durch den EWG-Vertrag.

127 *Bleckmann*, Die öffentlich-rechtlichen Verträge der EWG, NJW 1978, S. 464.

lösen und als eine allgemeine gesetzliche Regelung verstehen, die — wie im privaten Arbeitsrecht die für allgemein verbindlich erklärten Kollektivverträge — *neben* das Beamtenverhältnis treten. Insoweit besteht allerdings die Schwierigkeit, daß man dann eine zwar allgemeine, aber auf die Beamten und konkret auf das Dienstverhältnis beschränkte Gesetzgebungsgewalt internationaler Organisationen konstruieren müßte, was etwas kühn erscheint.

cc) Die öffentlich-rechtliche Konstruktion des internationalen Beamtenverhältnisses setzt eine Personalhoheit der internationalen Organisationen und insbesondere der Eurocontrol voraus, also eine Hoheitsgewalt, die unter Umständen durch Art. 24 GG nicht erfaßt wird. Wenn dies der Fall wäre, müßte vor deutschen Gerichten, um die „Personalhoheit" der internationalen Organisationen dennoch indirekt anzuerkennen, der Weg über eine privatrechtliche Qualifikation gewählt werden.

(1) Die Art. 13 und 14 der Satzung der Agentur ermächtigen die Eurocontrol, nach den „üblichen Bedingungen" eigene internationale Beamte anzustellen. Damit wird die völkergewohnheitsrechtlich verankerte Personalhoheit der Eurocontrol auch vertraglich abgesichert. Auch die Satzung der Agentur wird durch das deutsche Zustimmungsgesetz erfaßt. Daß das Zustimmungsgesetz weder für die Primäraufgaben noch für die Personalhoheit von Eurocontrol den Art. 24 GG ausdrücklich erwähnt, ist unbeachtlich. Nun bezieht sich Art. 24 GG nach seiner Entstehungsgeschichte, seinem Sinn und Zweck nur auf die allgemeine Hoheitsgewalt der supranationalen Institutionen gegenüber den Staatsbürgern und den Behörden der Mitgliedstaaten, nicht eigentlich auf die Personalhoheit der internationalen Organisationen, und zwar auch dann nicht, wenn diese Personalhoheit auf deutschem Boden ausgeübt wird[128].

(2) Es stellt sich damit die Frage, ob Art. 24 GG die öffentlich-rechtlich geordnete Personalhoheit internationalen Organisationen auf deutschem Boden verbietet. Diese Frage kann hier nur ganz kurz behandelt werden:

α) Nach einer ersten Auffassung regelt Art. 24 GG nur das, was wörtlich in ihm steht: Er sagt über die Personalhoheit internationaler Organisationen auf deutschem Boden, über die Organisationshoheit fremder Botschaften über ihr Personal und über die Organisationshoheit fremder Armeen auf deutschem Boden gegenüber den ihren Truppen, über die gewohnheitsrechtlich den fremden Konsuln gegenüber ihren Staatsangehörigen eingeräumten, unter Umständen durch einen bilateralen Vertrag erweiterten Hoheitsbefugnisse sowie über die Möglichkeit

[128] Vgl. *Rojahn* (Anm. 108), Art. 24, Rdnr. 9 (S. 86).

einer vertraglichen Übertragung deutscher Hoheitsgewalt etwa an Österreich über deutsche Straßen und an schweizer Zöllner und Zugschaffner, über Züge auf dem Boden der Bundesrepublik nichts aus. Nur bei einer solchen Auslegung sind alle in der deutschen Praxis feststellbaren Fälle der Ausübung fremder Hoheitsgewalt auf deutschem Boden durch das Grundgesetz nicht verboten. In dieser Auslegung steht der Übertragung der Personalgewalt an die Eurocontrol durch einen völkerrechtlichen Vertrag nichts entgegen.

β) Dagegen hat das Bundesverfassungsgericht im Solange-Beschluß[129] in Anlehnung an die deutsche Allgemeine Staatslehre[130] und an die dualistische Konzeption des Verhältnisses des Völkerrechts zum Landesrecht[131] offensichtlich die radikal umgekehrte These vertreten: Die Bundesrepublik Deutschland ist nach dieser Entscheidung mit einem Souveränitätspanzer umgeben; auf deutschem Boden kann grundsätzlich (nach demokratischen Prinzipien) nur deutsche Hoheitsgewalt ausgeübt werden. In diesen Souveränitätspanzer öffnet Art. 24 GG eine Bresche: Die Hoheitsakte der supranationalen Organisationen können in die Bundesrepublik Deutschland einströmen und dort Wirkung entfalten[132].

Geht man dabei nicht von der Möglichkeit einer analogen Anwendung der Art. 24 ff. GG auf andere Fälle aus, wird die Hoheitsausübung fremder Staaten und internationaler Organisationen (Personalhoheit) auf deutschem Boden selbst aufgrund eines mit Zustimmungsgesetz geschlossenen Vertrages durch die deutsche Verfassung verboten. Die Konsequenz des Urteils des Bundesverfassungsgerichts wäre, daß internationale Organisationen Personalhoheit gegenüber ihren Beamten auch aufgrund eines Völkerrechtsvertrages nicht ausüben dürften.

γ) Eine vermittelnde Lösung würde darauf abstellen können, daß Art. 24 GG in Zusammenhang mit Art. 25 GG gelesen werden muß: Jedenfalls die Hoheitsgewalt, die fremde Staaten und internationale Organisationen nach Völkergewohnheitsrecht (nicht nach Vertragsrecht) auf deutschem Boden ausüben dürften, wäre nach dieser Konzeption gestattet. Hier kommt es darauf an, daß die vertraglich verankerte Personalhoheit von Eurocontrol auch im Völkergewohnheitsrecht begründet erscheint.

Allerdings besteht die gewohnheitsrechtlich begründete Hoheitsgewalt der fremden Staaten und internationalen Organisationen nur ge-

---

129 BVerfGE 37, 271 ff.

130 Dazu *Bleckmann*, Das Verhältnis des Völkerrechts zum Landesrecht im Lichte der „Bedingungstheorie", AdV 1979, S. 257.

131 Dazu *Bleckmann*, Grundgesetz und Völkerrecht (Anm. 24), S. 264.

132 Dazu *Bleckmann*, Zur Funktion des Art. 24 Abs. 1 GG (Anm. 75).

genüber ihren eigenen Angehörigen und Beamten. Sollten die aufgrund einer solchen fremden Hoheitsgewalt erlassenen Regelungen und Akte durch deutsche Behörden und Gerichte vollzogen werden, bedarf es einer Umsetzung des fremden in deutsches Recht.

dd) Die heutige Aufteilung des öffentlichen und privaten Rechts setzt die Existenz funktionierender Verwaltungsgerichte voraus. Solange im Deutschen Reich Verwaltungsgerichte nicht existierten oder nur aufgrund einer beschränkten Enumerationsklausel zuständig waren, verlangten rechtsstaatliche Gründe die privatrechtliche Qualifikation öffentlich-rechtlicher Rechtsverhältnisse, die nicht den eigentlichen staatlichen Souveränitätskern berührten. Reste dieser Konzeption sind noch heute die Art. 19 IV und 34 GG und die Zuweisung der beamtenrechtlichen Klagen an den ordentlichen Rechtsweg. Insbesondere die Fiskustheorie[133] wurde entwickelt, um eigentlich öffentlich-rechtliche Rechtsverhältnisse in einen öffentlich-rechtlichen und einen privatrechtlichen Teil zu spalten[134] und vermögenswerte Klagen als privatrechtliche Rechtsverhältnisse zu qualifizieren. Dabei ist zu beachten, daß die deutsche Fiskustheorie auch im völkerrechtlichen Immunitätsschrifttum beachtet wird[135] und gerade auch die Beschränkung der Immunität fremder Staaten auf rechtsstaatlichen Gründen beruht. Wenn die Gerichte der Bundesrepublik Deutschland aufgrund der deutschen Fiskustheorie an sich öffentlich-rechtliche Rechtsverhältnisse teilweise als privatrechtlich qualifizieren, verstoßen sie also nicht gegen das Völkerrecht, wenn der Kernbereich der fremden Souveränität nicht berührt wird[136].

Dabei kann zumindest die Qualifizierung der Beamtenverhältnisse internationaler Organisationen nicht darauf abstellen, ob in der konkreten internationalen Organisation ein Verwaltungsgericht für solche Rechtsverhältnisse besteht oder nicht[137]. Diese Qualifikation muß vielmehr für alle internationalen Organisationen einheitlich sein; sie muß

---

[133] Vgl. dazu *E. Molitor*, Über öffentliches Recht und Privatrecht, 1949, S. 25; *Ernst Forsthoff*, Lehrbuch des Verwaltungsrechts, Bd. I, Allgemeiner Teil, 10. Aufl. 1973, S. 112.

[134] Solche Aufspaltungen einheitlicher öffentlich-rechtlicher Rechtsverhältnisse in einen privatrechtlichen und einen öffentlich-rechtlichen Teil gehören dabei nicht nur der Vergangenheit an, sondern sind auch heute noch üblich. Hinzuweisen ist etwa auf das öffentliche Sachenrecht und insbesondere auf die Zweistufentheorie im Subventionsrecht (vgl. *Bleckmann*, Subventionsrecht, 1978, S. 85 ff.).

[135] Insbesondere die italienischen Gerichte greifen bei der Qualifizierung der acta iure gestionis häufig auf die Fiskustheorie zurück, vgl. *Kiesgen* (Anm. 70), S. 48.

[136] Vgl. BVerfGE 15, 16, 27.

[137] Das Reichsgericht hat in einer Entscheidung vom 16. 5. 1938 (RGZ 157, 389) zwar festgestellt, daß ausländische Staaten auch dann Immunität vor deutschen Gerichten genießen, wenn keine andere Möglichkeit besteht, diese

dabei berücksichtigen, daß nur wenige internationale Organisationen ein eigenes Verwaltungsgericht besitzen. Selbst wenn man aber für die Fiskustheorie auf die Lage in den einzelnen internationalen Organisationen abstellen müßte, könnte im konkreten Fall die Zuständigkeit des Verwaltungsgerichts der ILO nicht berücksichtigt werden, weil — wie im folgenden zu zeigen ist — diese Zuständigkeitsbegründung für die deutschen Gerichte nicht wirksam erfolgt ist.

ee) Ich komme also zu dem Ergebnis, daß nach deutschem Recht das Rechtsverhältnis des Klägers insgesamt als privatrechtliches Arbeitsverhältnis zu qualifizieren ist, daß aber zumindest nach der Fiskustheorie vermögenswerte Klagen, zu denen auch der vorliegende Rechtsstreit gehört, als privatrechtlich zu qualifizieren sind.

6. Wenn das Gericht dieses Ergebnis nicht akzeptieren sollte, wäre nach den obigen Ausführungen weiter zu fragen, ob das konkrete Rechtsverhältnis einen Akt iure imperii, einen acte de puissance publique berührt; nur in einem solchen Falle griffe die außervertragliche Immunität der internationalen Organisation ein.

Allerdings ist zu betonen, daß nach einem Teil der Literatur[138] nur *hochpolitische* Akte als acta iure imperii zu qualifizieren sind, die der Immunität unterliegen; Verwaltungsakte, welche die Verpflichtung des Dienstherrn ablehnen, für einen Beamten Sozialversicherungsbeiträge zu zahlen, sind jedenfalls nicht solch hochpolitische Akte. Diese Theorie kann ferner auch auf die Konzeption des (foreign) Act of State und des acte de gouvernement zurückgreifen, nach der ebenfalls nur (hochpolitische) Regierungsakte der gerichtlichen Nachprüfung entzogen sind.

Da das Dienstverhältnis nach den vorhergehenden Ausführungen durch einen (privatrechtlichen) Vertrag und nicht durch einen Verwaltungsakt begründet worden ist, scheidet die Möglichkeit einer Beurteilung der Rechtmäßigkeit und des Inhalts eines *Ernennungsaktes* im Rahmen des Antrags des Klägers durch ein deutsches Gericht aus. Möglich wäre nur, daß der in der Klage verfolgte *Anspruch* durch einen *Verwaltungsakt* der Eurocontrol entschieden worden wäre, der ebenfalls nicht der Rechtmäßigkeitsbeurteilung durch ein deutsches Gericht unterliegen würde.

Staaten auf andere Weise — etwa vor nationalen Gerichten — zu verklagen. Diese Entscheidung stützte sich auf die damals im Deutschen Reich noch generell akzeptierte *absolute* Immunitätstheorie. Diese Entscheidung schließt folglich nicht aus, daß man im Rahmen der beschränkten Staatenimmunität bei der Unterscheidung zwischen acta iure imperii und acta iure gestionis, die auf rechtsstaatlichen Gründen beruht, aus rechtsstaatlichen Gründen fragt, ob in der betreffenden internationalen Organisation ein Gericht vorhanden ist.

138 Vgl. *Alexy* (Anm. 111), S. 171; *Kiesgen* (Anm. 79), S. 55.

Aus den Personalstatuten der internationalen Organisationen und den Satzungen der internationalen Verwaltungsgerichte, insbesondere des Verwaltungsgerichts der ILO, ist nun nicht ohne weiteres ersichtlich, in welchem Umfang auch vermögensrechtliche Ansprüche der Beamten und insbesondere der im vorliegenden Fall erhobene Anspruch auf Versicherung in der deutschen Sozialversicherung durch einen einseitig-hoheitlichen Akt, also durch Verwaltungsakte geregelt werden und ob im vorliegenden Fall ein solcher Verwaltungsakt ergangen ist[139].

---

[139] Das Statut des Verwaltungsgerichts der ILO (abgedruckt bei *Jacques Ballaloud* [Anm. 124], S. 143 ff.) geht allerdings in seinem Art. VIII davon aus, daß in allen nach Art. II seiner Zuständigkeit unterliegenden Fällen eine „décision" ergeht, die bei einer Fehlerhaftigkeit *aufzuheben* ist. Auf den S. 42 ff. zitiert *Ballaloud* eine Reihe von Entscheidungen, welche die Klage nur gegen Akte zulassen, die nach deutschem Recht Verwaltungsakte sind. Auf der anderen Seite kann das Verwaltungsgericht — ohne einen solchen Verwaltungsakt — auch eine Entschädigungsleistung zusprechen. Das Recht der ILO kennt also offensichtlich auch die *Leistungsklage*. Bei einer generellen Beurteilung der so geschaffenen Rechtslage ist zunächst einmal schon fraglich, ob das Prozeßrecht der ILO — selbst wenn Eurocontrol durch das Verwaltungsstatut des Personals das ILO-Verwaltungsgericht als Organ von Eurocontrol etabliert und das gesamte Prozeßrecht des ILO-Verwaltungsgerichts übernommen hätte — zur Beurteilung des materiellen Beamtenrechts von Eurocontrol herangezogen werden kann. Selbst wenn man diese Frage wie im obigen Text bejaht, bleibt zu berücksichtigen, daß das Recht der internationalen Verwaltungsgerichte und insbesondere des Verwaltungsgerichts der ILO mangels gesetzlicher Regelung (das Statut des Verwaltungsgerichts der ILO umfaßt nur 8 Artikel) und hinreichender Aufbereitung durch die Lehre dogmatisch noch nicht so ausgefeilt ist wie etwa das deutsche und das französische Verwaltungsrecht; das bedeutet aber, daß man dem Prozeßrecht nicht mit hinreichender Sicherheit entnehmen kann, daß die Verwaltung ihren Beamten gegenüber *in allen Bereichen* Verwaltungsakte erlassen kann. Wenn das ILO-Verwaltungsgerichts-Statut von einer solchen Möglichkeit auszugehen scheint, handelt es sich schließlich eher um eine *technische* Regelung: Es solte ein einheitliches Anfechtungsverfahren geschaffen werden, in dem alle Akte der Verwaltung gegenüber ihren Beamten dann notwendig als Verwaltungsakt oder als „décision préalable" im obigen Sinne des französischen Verwaltungsrechts qualifiziert werden mußten; ob materiell-rechtlich gesehen wirklich ein Verwaltungsakt vorliegt, kann man dann dieser Regelung nicht entnehmen.

Auch das Verwaltungsstatut des festangestellten Personals der Agentur von Eurocontrol, das in den Art. 92 f. in allen beamtenrechtlichen Streitigkeiten die Notwendigkeit eines Aktes, den es ausdrücklich als „Verwaltungsakt" bezeichnet, bestätigt, der vor dem Verwaltungsgericht angefochten werden und den das Verwaltungsgericht aufheben kann, muß in dieser Richtung gelesen werden. In welchem Umfang eine — auch internationale — Behörde materiell-rechtlich gesehen einseitig bindende Verwaltungsakte gegenüber ihren Beamten erlassen kann, muß durch das Gesetz — hier das Statut — festgelegt werden. Die Bestimmungen der Art. 92 f. des Beamtenstatuts von Eurocontrol müssen aber wohl mit der herrschenden Lehre zum internationalen Verwaltungsrecht dahin gelesen werden, daß sie für Streitigkeiten der Beamten nur eine „décision préalable" im oben dargelegten Sinne des französischen Verwaltungsrechts fordern, die nicht als Verwaltungsakte zu qualifizieren sind. Daß die Regelung des Statuts des Verwaltungsgerichts der ILO und des Verwaltungsstatuts der Eurocontrol, nach der über alle Ansprüche der Beamten aus ihrem Dienstverhältnis durch

Zwar scheint nach internationalem Verwaltungsrecht in allen Streitigkeiten der Beamten mit der internationalen Organisation, nach der insoweit einstimmigen Literatur der internationalen Verwaltungsgerichtsbarkeit eine sogenannte „décision préalable" der internationalen Verwaltung erforderlich zu sein. Damit ist in Anlehnung an das französische Verwaltungsrecht aber keine einseitig-hoheitliche Regelung, kein Verwaltungsakt gemeint; der Verwaltung soll nur Gelegenheit gegeben werden, sich vor Erhebung der Klage zu dem Anspruch zu äußern. Folglich werden solche décisions préalables nach französischem Verwaltungsrecht auch nicht im Wege des recours pour excès de pouvoir, also mit der Anfechtungsklage angefochten: Bei solchen Entscheidungen ist vielmehr die Leistungsklage, der recours de pleine juridiction, zugelassen[140]; daß der französische Conseil d'Etat im Rahmen solcher Leistungsklagen, bevor er die Entschädigung zuspricht, häufig die „décisions préalable" ausdrücklich aufhebt, bedeutet dabei nicht, daß es sich bei dieser Entscheidung um einen Verwaltungsakt handelt; denn wenn dies der Fall wäre, wäre nur der recours pour excès de pouvoir, nicht die Leistungsklage zulässig.

Dabei ist ferner davon auszugehen, daß es nicht in der Macht des fremden Staates oder einer internationalen Organisation liegt, alle Rechtsverhältnisse dadurch der Immunität zu unterwerfen, daß die betreffenden Rechtsverhältnisse ausschließlich durch Verwaltungsakte geregelt werden. Wenn auch entgegen der Rechtsprechung, etwa des Bundesverfassungsgerichts, grundsätzlich nur Akte der Immunität unterliegen, die nach dem einschlägigen Recht Verwaltungsakte sind, bedeutet das doch nicht notwendig, daß *alle* diese Verwaltungsakte der Immunität unterliegen. Hier ist vielmehr die Grenze zu prüfen, bis zu welcher auch das deutsche Recht für die betreffenden Rechtsverhältnisse Verwaltungsakte zuläßt. Wenn man aber solche décision préalable nach deutschem Verwaltungsrecht qualifiziert, wird man einen Verwaltungsakt ablehnen müssen. Denn über vermögenswerte Ansprüche der

---

Verwaltungsakt entschieden wird, und die Fehlerhaftigkeit solcher Verwaltungsakte nur zur Aufhebung durch das Verwaltungsgericht führen kann, nicht wörtlich verstanden werden darf, ergibt sich auch aus der Überlegung, daß es dann nichtige Verwaltungsakte nicht geben kann, daß dann auch die Behörden nach den auch im europäischen und im Völkerrechtsraum geltenden Grundsätzen über die Rücknahme fehlerhafter Verwaltungsakte an ihre Akte gebunden wären, daß dann auch die Grundsätze über die Bestandskraft der Verwaltungsakte eingriffen usw. Alle diese sehr wichtigen Konsequenzen der Auffassung, es handele sich bei diesen Akten der Verwaltung stets um echte Verwaltungsakte, sind bisher von der Rechtsprechung und Literatur nicht geprüft worden. Verwaltungsakte im materiell-rechtlichen Sinne dürften nach allem nur die Akte sein, die in dem Verwaltungsstatut ausdrücklich vorgesehen sind (etwa: Beurlaubung, Entlassung aus Dienst, Disziplinarmaßnahmen).

140 Vgl. etwa *Georges Vedel*, Droit administratif, 5. Aufl. 1973, S. 458 ff.

Beamten und insbesondere über einen Antrag auf Sozialversicherung wird im deutschen Recht in der Regel nicht durch Verwaltungsakt der Angestelltenbehörde entschieden[141].

---

[141] *Stern* (Anm. 97), S. 263.

E. „Immunität" von Eurocontrol aufgrund der Zuweisung der Streitigkeiten an das Verwaltungsgericht der ILO?

I. Zusammenfassung der Prinzipien über die außervertragliche Immunität internationaler Organisationen — Zur Unterscheidung der acta iure imperii und der acta iure gestionis

Wenn der Vertrag von Eurocontrol mit der ILO und das Verwaltungsstatut des Personals der Eurocontrol, welche für Streitigkeiten aus dem internationalen Beamtenverhältnis zur Eurocontrol die Zuständigkeit des Verwaltungsgerichts der ILO vorsehen, gültig und in der Bundesrepublik von den deutschen Gerichten zu beachten sind, würden diese Akte zwar keine Immunität von Eurocontrol in diesem Bereich begründen; die Zuständigkeit der deutschen Gerichte würde aber infolge der zulässigen Begründung einer ausschließlichen internationalen Zuständigkeit des Verwaltungsgerichts der ILO entfallen.

II. Zuständigkeitsbegründung des ILO-Verwaltungsgerichts durch einen Vertrag zwischen Eurocontrol und ILO oder durch das Personalstatut von Eurocontrol

Das Gutachten von *Seidl-Hohenveldern* stützt sich in erster Linie auf den *Vertrag zwischen Eurocontrol und der ILO*. Selbst wenn dieser Vertrag gegen die Satzung von Eurocontrol verstieße, wäre er nach Völkergewohnheitsrecht für Eurocontrol und für die ILO verbindlich. Selbst wenn die entsprechenden Vorschriften des Verwaltungsstatuts des Personals wegen eines Satzungsverstoßes nichtig wären, bliebe es also bei der ausschließlichen Zuständigkeit der ILO.

1. Satzungsverstoß des Vertrages aus der Sicht des ILO-Verwaltungsgerichts

Das Verwaltungsgericht der ILO hat in dem am Anfang dieses Gutachtens zitierten Urteil *Breuckmann* seine Zuständigkeit ausdrücklich auf den zwischen der ILO und der Eurocontrol geschlossenen Vertrag gestützt und den Einwand des Klägers, dieser Vertrag verstoße gegen Ziff. 5 des Zeichnungsprotokolls zum Eurocontrol-Vertrag, wegen der

Höherrangigkeit des Vertrages zwischen ILO und Eurocontrol zurückgewiesen. Aus der Sicht des internationalen Verwaltungsgerichts ist diese Entscheidung richtig. Das Verwaltungsgericht konnte seine Zuständigkeit in der Tat nur auf den Vertrag, nicht auf das Verwaltungsstatut des Personals der Eurocontrol stützen, weil dieses Statut die Organe der ILO einschließlich deren Gericht nicht bindet. Auf der anderen Seite dürfen internationale Verwaltungsgerichte nach deren ständiger Rechtsprechung die von ihnen anzuwenden Akte ihrer internationalen Organisation nicht daraufhin überprüfen, ob sie mit der Satzung ihrer Organisation übereinstimmen[142]. Noch weniger, so ist zu schließen, dürfen sie prüfen, ob ein Vertrag ihrer Organisation mit der Satzung einer fremden internationalen Organisation übereinstimmt, der das Verwaltungsgericht der ILO nicht bindet. Das Verwaltungsgericht der ILO mußte aufgrund dieser Erwägungen seine Zuständigkeit bejahen. Das bedeutet aber nicht ohne weiteres, daß auch die Gerichte der Bundesrepublik Deutschland von der ausschließlichen Zuständigkeit des ILO-Eurocontrol-Vertrages ausgehen müssen.

2. Satzungsverstoß des Vertrages aus der Sicht der deutschen Gerichte

Gehen wir mit unseren obigen Überlegungen davon aus, daß der Vertrag von Eurocontrol mit der ILO und das Verwaltungsstatut des Personals gegen Ziff. 5 des Zeichnungsprotokolls zum Vertrag über die Eurocontrol verstoßen. Die Eurocontrol hat dann offensichtlich ihre Kompetenzen überschritten. Nach einer Anzahl von Stimmen in der Literatur ist ein solcher unter Kompetenzverletzung zustande gekommener Vertrag einer internationalen Organisation als ultra vires-Akt nichtig[143]. Die wohl überwiegende Ansicht der Literatur[144] wendet dagegen auf satzungswidrige Verträge internationaler Organisationen die für den Verstoß eines Staatenvertrages gegen die Verfassung eines Vertragspartners geltenden Regeln[145] an. Dieser Ansicht folgt auch Art. 27 II der Draft Articles on Treaties concluded between States and international Organisations or between international Organisations der International Law Commission[146]. Das Vertrauen der Vertragspart-

---

142 Vgl. etwa Tribunal administratif des Nations Unies 21. 8. 1953, Journal de droit international (Clunet) 80, 1953, 924.

143 Vgl. insbesondere *von Arnim, Reuter* und *Pescatore,* in: H. Krück, Völkerrechtliche Verträge im Recht der Europäischen Gemeinschaften, 1977, S. 146.

144 Vgl. die Literatur bei *H. Krück* (Anm. 143).

145 Dazu *W. K. Geck,* Die völkerrechtlichen Wirkungen verfassungswidriger Verträge, 1953, und zu Art. 46 der Wiener Vertragsrechtskonvention: The conclusion of Treaties in Violation of the National Law of a Party, ZaöRV 27, 1967, S. 429; ferner *H. Krück* (Anm. 143), S. 143.

146 Vgl. Yearbook of the International Law Commission, 1979, Bd. II, S. 118.

ner, welche die Einzelheiten einer schwierigen Verfassungs- und Satzungsauslegung nicht übersehen können, sei zu schützen; nur wenn der Vertrag gegen die Satzung verstößt, sei er nichtig. Es ist an dieser Stelle ausdrücklich darauf hinzuweisen, daß es fraglich ist, ob es sich bei diesen Draft Articles schon um eine Norm des geltenden Völkerrechts handelt. Mangels Praxis handelt es sich jedenfalls nicht um eine Norm des Völkergewohnheitsrechts. Die Norm kann nur durch eine *Analogie* zum Recht der Staatenverträge entwickelt werden, wobei auch beim Recht der Staatenverträge die gewohnheitsrechtliche Geltung eines einschlägigen Rechtssatzes des Völkerrechts und ihr Inhalt nicht ganz sicher ist[147]. Überdies ist darauf hinzuweisen, daß die Lage der internationalen Organisationen insoweit anders ist als die Lage der Staaten, als die internationalen Organisationen im Gegensatz zu den Staaten nicht die Fülle der Hoheitsgewalt, sondern nur spezifische Kompetenzen besitzen; der Grundsatz des Vertrauensschutzes würde diese Kompetenzen beträchtlich erweitern. Es ist aber fraglich, ob in einem solchen Fall dem zwischen den Mitgliedstaaten geschlossenen Vertrag nicht der Vorrang gegenüber dem mit fremden Staaten geschlossenen Vertrag zukommen muß. Hilfsweise läßt sich die Norm, welche zur Gültigkeit vertragswidriger Verträge internationaler Organisationen führt, auch aus dem allgemeinen Völkerrechtsprinzip des Vertrauensschutzes entwickeln, das einer Reihe von Rechtsinstituten des Völkerrechts zugrunde liegt und damit wohl ein allgemeines Rechtsprinzip des Völkerrechts darstellt[148], aus dem neue Anwendungsnormen entwickelt werden können. Bei der Anwendung dieser Norm auf den vorliegenden Fall ist aber folgendes zu beachten:

a) Der Vertrag zwischen der ILO und der Eurocontrol über die Zuständigkeit des Verwaltungsgerichts der ILO für Streitigkeiten aus den Beamtenverhältnissen von Eurocontrol begründet soweit ersichtlich für die ILO nur *Pflichten* und keine Rechte. Die zitierten Bestimmungen des Vertragsrechts internationaler Organisationen und der Wiener Vertragsrechtskonvention sollen aber das Vertrauen des Vertragspartners in die Gültigkeit des Vertrages schützen. Nur wenn der Vertrag aber Rechte der Vertragspartner begründet, entsteht eine schützenswerte Vertrauensposition. Da dies im vorliegenden Falle nicht vorliegt, können die zitierten Regeln keine Anwendung finden, der Vertrag ist wegen Verstoßes gegen Ziff. 5 des Zeichnungsprotokolls nichtig.

b) Der Verstoß gegen Ziff. 5 des Zeichnungsprotokolls wird schon bei einer oberflächlichen Lektüre des Eurocontrol-Vertrages evident. Zu-

---

147 *K. W. Geck*, Die völkerrechtliche Wirkung verfassungswidriger Verträge, zugleich ein Beitrag zum Vertragsschluß im Verfassungsrecht der Staatenwelt, 1963.

148 Vgl. *Jörg P. Müller*, Vertrauensschutz im Völkerrecht, 1971.

mindest müssen bei einer solchen Lektüre Zweifel an der Rechtsgültigkeit des Vertrages auftreten. Das muß aber ausreichen, um die Vertrauensposition des Vertragspartners zu erschüttern.

c) Selbst wenn der Vertrag auf der allgemeinen völkerrechtlichen Ebene, im Verhältnis zwischen ILO und Eurocontrol und im Rechtsraum der ILO gültig ist und das ILO-Verwaltungsgericht zu einer Beurteilung der einschlägigen Streitfälle berechtigt ist, bedeutet das doch nicht, daß der Vertrag im *innergemeinschaftlichen Recht* der Eurocontrol, also auch für den Kläger verbindlich ist. So ist aufgrund des Dualismus des Völkerrechts zum Landesrecht im deutschen Recht unstrittig, daß ein gegen das Grundgesetz verstoßender Vertrag zwar nach dem Vertrauensschutzprinzip auf der internationalen Ebene gültig sein kann, daß er aber wegen des Verfassungsverstoßes im innerstaatlichen Recht keine Wirkungen entfalten kann[149]. Das innergemeinschaftliche Recht der internationalen Organisationen, das interne Staatengemeinschaftsrecht[150], hat sich aber von der allgemeinen Völkerrechtsordnung so weit entfernt, daß man von einem entsprechenden Dualismus der allgemeinen Völkerrechtsordnung und des internen Staatengemeinschaftsrechts der internationalen Organisationen ausgehen muß[151]. Wenn der Vertrag auf der allgemeinen Völkerrechtsebene gültig ist, ist er innerhalb der Rechtssphäre von Eurocontrol wegen eines Verstoßes gegen die Satzung nichtig.

d) Selbst wenn der Vertrag auf der allgemeinen Völkerrechtsebene und im Recht von Eurocontrol gültig wäre, könnte er im deutschen Rechtsraum nicht vollzogen werden. Der Vertrag soll zunächst die gesetzliche Zuständigkeitsordnung des deutschen Rechts durchbrechen. Das kann er nur, wenn er in deutsches Recht transformiert und innerstaatlich unmittelbar anwendbar ist. In deutsches Recht transformiert werden können aber nur Vertragsbestimmungen, welche die Bundesrepublik Deutschland binden[152]. Der Vertrag zwischen der ILO und der Eurocontrol bindet aber die Mitgliedstaaten, also die Bundesrepublik Deutschland nicht, weil die Mitgliedstaaten nicht Vertragspartner des Vertrages geworden sind[153]. Überdies fehlt ein deutscher Akt, der die Bestimmungen des Vertrages in deutsches Recht transformiert hätte.

---

[149] Ständige Rechtsprechung des BVerfG, vgl. BVerfGE 6, 309; 27, 253: 37, 271.

[150] *Bernhardt / Miehsler* (Anm. 36).

[151] *Bleckmann,* Die Position des Völkerrechts im inneren Rechtsraum der EG, JIR 1975, S. 300.

[152] Vgl. *Bleckmann,* Begriff und Kriterien der innerstaatlichen Anwendbarkeit völkerrechtlicher Verträge (Anm. 34), S. 243.

[153] Zum Stand der Lehre *H. Krück* (Anm. 143), S. 125 ff.: Ein Rechtssatz des Völkergewohnheitsrechts, nach dem die Staaten an die Verträge ihrer internationalen Organisationen gebunden sind, hat sich offensichtlich noch nicht entwickelt.

e) In der bisherigen Erörterung ist davon ausgegangen worden, daß zwischen der ILO und Eurocontrol ein völkerrechtlicher Vertrag geschlossen worden ist. Das ist aber nach den vorliegenden Unterlagen höchst fraglich. Aller Wahrscheinlichkeit nach hat die Eurocontrol nur das Verwaltungsstatut des Personals erlassen und die ILO durch einen entsprechenden Akt die Zuständigkeit ihres Verwaltungsgerichts bestätigt[154]. Es handelt sich dann nicht um einen völkerrechtlichen Vertrag, sondern um zwei parallele „Gesetze". Es käme folglich nur auf die Gültigkeit des Verwaltungsstatuts des Personals an.

f) Wir kommen also zu dem Ergebnis, daß zumindest für die deutschen Gerichte der Vertrag mit der ILO unbeachtlich ist. Damit kommt es auf die Gültigkeit und innerstaatliche Wirksamkeit des Verwaltungsstatuts des Personals an.

3. Kann der deutsche Richter nachprüfen, ob das Personalstatut von Eurocontrol gegen die Eurocontrol-Satzung verstößt?

Als Vorfrage des Verhältnisses des Verwaltungsstatuts des Personals zur Satzung von Eurocontrol stellt sich hier zunächst das Problem, ob der deutsche Richter die Übereinstimmung eines Beschlusses einer internationalen Organisation mit deren Satzung überprüfen kann.

a) Schlüsse aus der Zurückhaltung der internationalen Gerichte bei der Überprüfung von Beschlüssen internationaler Organisationen anhand der Satzung

Zunächst ist hier hervorzuheben, daß der IGH bei der Prüfung, ob Beschlüsse des Sicherheitsrats mit der UNO-Satzung übereinstimmen, sehr vorsichtig ist[155], und daß die für Beamtenstreitigkeiten zuständigen Verwaltungsgerichte der internationalen Organisationen ausdrücklich

---

154 In Art. II Abs. 5 des Statuts des Verwaltungsgerichts der ILO heißt es: „5. Le tribunal connaît en outre des requêtes invoquant l'inobservation, soit quant au fond, soit quant à la forme, des stipulations du Statut du personnel des autres organisations internationales de caractère interétatiques agréés par le Conseil d'administration qui auront adressé au Directeur Général une déclaration reconnaissant, conformément à leur Constitution où à leurs règles administratives internes, la compétence du Tribunal a l'effet ci-dessus, de même que ses règles de procédure."

Aus dieser Bestimmung ergibt sich deutlich, daß die Zuständigkeit des ILO-Verwaltungsgerichts durch zwei parallele einseitige Akte und nicht durch einen Vertrag begründet wird. Die Lage ist ähnlich wie bei der Zuständigkeitsbegründung des französischen Conseil d'Etat für marokkanische und tunesische Streitsachen während des Protektorats, die durch parallele einseitige französische und marokkanische Gesetze begründet wurde.

155 Allerdings hat der IGH in seinem Rechtsgutachten über den „Effect of Awards of compensation made by the United Nation's Administrative Tribunal" vom 13. Juli 1954 (ICJ Rep. 1954, 47) die Regelungen der UNO über das internationale Verwaltungsgericht an der Satzung gemessen.

festgestellt haben, daß sie die von ihnen anzuwendenden Beschlüsse ihrer internationalen Organisationen nicht auf ihre Übereinstimmung mit der Satzung ihrer internationalen Organisation überprüfen dürfen[156].

Diese Zurückhaltung der internationalen Gerichte erklärt sich aus der besonderen Stellung der Verwaltungsgerichte in den internationalen Organisationen. In der Tat hat der IGH die rechtlichen Probleme, die sich aus der Bindung der politischen Organe einer internationalen Organisation an die Urteile ihrer Verwaltungsgerichte ergeben, in seinem Rechtsgutachten über das Verwaltungsgericht der UNO klar herausgearbeitet[157]. Diese besondere Problematik verbietet es offensichtlich den Verwaltungsgerichten der internationalen Organisationen, die Beschlüsse der politischen Organe auf ihre Verfassungsmäßigkeit zu überprüfen.

Für den konkreten Fall ist zunächst darauf hinzuweisen, daß der EuGH in Abweichung von dieser allgemeinen Tendenz der internationalen Verwaltungsgerichte Akte des Ministerrats in ständiger Rechtsprechung an den Europäischen Gemeinschaftsverträgen überprüft[158]. Im europäischen Rechtsraum, zu dem auch Eurocontrol zählt, hat sich also offensichtlich eine neue europäische Regel des Völkergewohnheitsrechts entwickelt.

Der deutsche Richter kann überdies, wie dies im folgenden im einzelnen nachgewiesen wird, Beschlüsse der Organe internationaler Organisationen im deutschen Recht nur dann vollziehen, wenn diese Akte von der mit Zustimmung des deutschen Parlaments beschlossenen Satzung *abgeleitet* werden können. Der deutsche Richter muß also notwendig prüfen, ob sich der Beschluß einer internationalen Organisation im Rahmen der betreffenden Satzung hält.

b) Schlüsse aus der Tatsache, daß das BVerfG die Beschlüsse der EWG-Organe nicht auf ihre Übereinstimmung mit den Europäischen Gemeinschaftsverträgen überprüfen kann

Das deutsche Bundesverfassungsgericht lehnt die Überprüfung von Akten des Ministerrats der EG ab, weil es sich nicht um Akte des deutschen Staates handelt[159]. Ähnlich könnte man argumentieren, dann müsse auch die Nachprüfung von Akten internationaler Organisationen durch Instanzgerichte im Rahmen einer Vorfrage ausgeschlossen sein. Die Rechtsprechung des Bundesverfassungsgerichts erklärt sich aber aus

156 Vgl. *Verdross / Simma* (Anm. 3).

157 Vgl. oben Anm. 155.

158 Diese Zuständigkeit beruht auf Art. 173 des EWG-Vertrages.

159 BVerfGE 22, 293.

der Tatsache, daß einerseits die Verfassungsbeschwerde nur gegen Akte der deutschen Staatsgewalt zugelassen ist[160] und andererseits die dabei erforderliche Aufhebung eines fremden Hoheitsaktes nicht in die Zuständigkeit der deutschen Gerichte fallen kann.

Im vorliegenden Fall handelt es sich dagegen nicht um ein selbständiges öffentliches Rechtsmittel gegen die Beschlüsse internationaler Organe. Diese Beschlüsse müssen nur als Vorfrage einer Beurteilung unterworfen werden. Dabei wird der fremde Hoheitsakt nicht aufgehoben; es wird vielmehr nur dessen ursprüngliche *Nichtigkeit* festgestellt. Bei der Feststellung der Nichtigkeit greifen aber die Zuständigkeitsbedenken nicht ein, die für eine Aufhebung eines fremden Hoheitsaktes gelten. So hat die Rechtsprechung der Zivil- und Strafgerichte ständig die Überprüfung der Nichtigkeit von Verwaltungsakten vorgenommen, obwohl eine Anfechtung und Aufhebung von fehlerhaften Verwaltungsakten nur vor den Verwaltungsgerichten möglich ist[161].

Allerdings bestehen bei den supranationalen Organisationen gewisse Bedenken, daß der nationale Richter die Übereinstimmung eines Sekundäraktes mit dem Primärrecht der Organisation überprüft. In der Tat sieht Art. 170 des EWG-Vertrages in solchen Fällen eine Vorlageentscheidung des EuGH vor. Daraus könnte man schließen, daß in supranationalen Organisationen der nationale Richter die Akte der Organisation nicht anhand der Satzung prüfen kann. Fehlt wie bei Eurocontrol ein Vorlageverfahren vor einem europäischen Gericht, wäre der nationale Richter an den Beschluß der supranationalen Organisation gebunden. Dem widerspricht, daß auch der Beschluß einer supranationalen Organisation in der Bundesrepublik Deutschland aufgrund Art. 24 GG nach den späteren Ausführungen dieses Gutachtens nur vollzogen werden kann, wenn er sich im Rahmen der Kompetenzen der supranationalen Organisation hält, die der Organisation kraft eines Gesetzes nach Art. 24 GG übertragen worden sind. Überdies werden wir weiter unten zeigen, daß die herrschende Lehre dem deutschen Richter die Prüfung gestattet, ob ein nach dem deutschen IPR anwendbares fremdes Gesetz gegen die fremde Verfassung verstößt. Diese Regel muß auf die Überprüfung der Beschlüsse internationaler Organisationen an ihrer Satzung übertragen werden.

Wir werden im folgenden das Verwaltungsstatut des Personals von Eurocontrol auch daraufhin überprüfen, ob es mit der deutschen Verfassung übereinstimmt. Das Bundesverfassungsgericht hat in ständiger Rechtsprechung die Prüfung durch die deutschen Gerichte gefordert, ob

---

160 Vgl. *Leibholz / Rinck*, Bundesverfassungsgerichtsgesetz, 1968, S. 315 ff.

161 Vgl. *Eyermann / Fröhler*, Verwaltungsgerichtsordnung, 8. Aufl. 1980, zur Zuständigkeit der Zivilgerichte: § 40 Rdnr. 26, zur Zuständigkeit der Strafgerichte: § 40 Rdnr. 28.

das Zustimmungsgesetz zu völkerrechtlichen Verträgen gegen die deutsche Verfassung verstößt[162]. Ähnlich wird man Akte der deutschen Hoheitsgewalt, welche Beschlüsse internationaler Organisationen transformieren, auf ihre Vereinbarkeit mit dem Grundgesetz überprüfen müssen. Allerdings greifen bei supranationalen Organisationen wegen des Vorrangs des supranationalen Rechts vor dem deutschen Recht gewisse Probleme ein. Das Bundesverfassungsgericht hat zwar festgestellt, daß es Sekundärakte der EG als Voraussetzung ihrer Wirksamkeit im deutschen Recht im Vorlageverfahren nach Art. 100 I GG auf ihre Übereinstimmung mit der deutschen Verfassung überprüfen könne[163]. Allerdings sind gegen diesen Beschluß zahlreiche Stimmen in der Literatur laut geworden[164]. Das Bundesverfassungsgericht hat in einem späteren Urteil eine Änderung dieser Rechtsprechung angedeutet[165]. Diese Problematik kann hier aber dahinstehen, weil die Eurocontrol zwar eine supranationale Organisation ist, ihre Hoheitsbefugnisse aber nur insoweit unter Art. 24 GG fallen und ihre Hoheitsakte deshalb nur insoweit einen höheren Rang als das deutsche Recht haben, als es sich um ihre *Primäraufgaben*, die Luftsicherung handelt. Die im Rahmen der Personalhoheit ergangenen Beschlüsse von Eurocontrol stellen also supranationales Recht mit höherem Rang als das deutsche Recht nicht dar.

c) Schlüsse aus dem Verbot der Überprüfung fremder Gesetze anhand der fremden Verfassungen im Rahmen des IPR

In der deutschen Literatur wird vereinzelt die Auffassung vertreten, der deutsche Richter könne ein nach deutschem IPR anwendbares fremdes Gesetz nicht daraufhin überprüfen, ob es gegen die fremde Verfassung verstößt[166].

aa) Diese Stellungnahmen gehen auf eine Reihe von Konzeptionen zurück. Zunächst einmal handelt es sich um eine Übertragung der angelsächsischen und insbesondere amerikanischen act of State-Doktrin[167]. Ebensowenig wie der angelsächsische Richter nationale acts of State nachprüfen dürfe, dürfe er fremde acts of State auf ihre Verfassungsmäßigkeit überprüfen[168]. Diese Theorie ist aus zwei Gründen auf

[162] Vgl. die Entscheidungen bei *Bleckmann*, Grundgesetz und Völkerrecht (Anm. 24), S. 247.

[163] BVerfGE 37, 271.

[164] Vgl. die Literatur bei *Bleckmann*, Europarecht (Anm. 161), S. 192.

[165] BVerfG, Urt. v. 25. 7. 1979 — EuGRZ 1979, S. 547 ff.

[166] Zum Stand der Literatur vgl. *Bleckmann*, Begriff und Kriterien der innerstaatlichen Anwendbarkeit völkerrechtlicher Verträge (Anm. 34), S. 130 f., insbesondere Anm. 34 - 39.

[167] Vgl. *Hans-Ernst Folz*, Die Geltungskraft fremder Souveränitätsäußerungen, 1975.

[168] Vgl. *F. A. Mann*, The Sacrosanctity of the Foreign Act of State, Law Quarterly Review 59, 1947, S. 42, 155.

den vorliegenden Fall nicht anwendbar. Einmal handelt es sich nur um eine analoge Anwendung dieses Rechtssatzes, weil die Theorie auf Akte von Staaten bezogen ist. Diese Analogie ist aber nicht möglich, weil die Theorie die fremde Souveränität anerkennt und internationale Organisationen, auch supranationale Organisationen, nicht in diesem Sinne souverän sind. Überdies ist in der deutschen Lehre unbestritten, daß die angelsächsische Theorie vom act of State und die französische Theorie des acte de gouvernement im deutschen Recht nicht anwendbar sind[169].

bb) Die dargestellte Theorie stützt sich zweitens auf den völkerrechtlichen Gesichtspunkt der sogenannten *materiellen Immunität.* Wenn die Lehre von der Immunität der Staaten, welche die acta iure imperii einer Beurteilung durch den fremden Richter entzieht, generalisierbar ist, muß diese Konzeption auch dann gelten, wenn es sich um die Überprüfung eines fremden Hoheitsakts handelt. Dieser Auffassung kann nicht gefolgt werden. Die Theorie der Staatenimmunität bezieht sich nach der wohl einmütigen Auffassung nur auf Fälle, in denen der fremde Staat als Partei vor einem fremden Gericht auftritt. Das ist hier nicht der Fall[170].

cc) Die wohl herrschende deutsche Lehre lehnt die Auffassung, der deutsche Richter dürfe die Übereinstimmung eines fremden Hoheitsaktes mit der fremden Verfassung nicht überprüfen, unter Heranziehung des Satzes ab, daß das fremde Recht in der Bundesrepublik Deutschland so anzuwenden ist, wie es in dem betreffenden fremden Staat von der dortigen Gerichtsbarkeit angewendet wird[171]. Ist in diesem Staat den Gerichten eine Überprüfung der Verfassungsmäßigkeit des fremden Gesetzes gestattet, könne auch der deutsche Richter diese Verfassungsmäßigkeit überprüfen (Entscheidungsharmonie). Auch dieser Grundsatz könnte dazu führen, daß der deutsche Richter die Übereinstimmung von Akten der internationalen Organisation mit ihrer Satzung nicht überprüfen darf, weil es in der Eurocontrol kein hierfür zuständiges Gericht gibt und das Verwaltungsgericht der ILO diese Frage nicht nachprüfen kann.

dd) Trotzdem ist dem deutschen Richter die Überprüfung dieser Frage gestattet. Die deutsche Lehre geht einmütig davon aus, daß der deutsche Richter im Interesse der Durchsetzung eines völkerrechtlichen Vertrages und des Völkergewohnheitsrechts die Übereinstimmung

---

169 Vgl. die Literatur bei *Bleckmann,* Grundgesetz und Völkerrecht (Anm. 24), S. 246.

170 Für eine solche materielle Immunität haben sich nur *de Visscher* und *Verhoeven* (Anm. 120) ausgesprochen. Für die hier vertretene Auffassung vgl. insbesondere *Kiesgen* (Anm. 70), S. 295, und *Schaumann* (Anm. 12), S. 70.

171 Vgl. *Bleckmann,* Begriff und Kriterien der innerstaatlichen Anwendbarkeit völkerrechtlicher Verträge (Anm. 34), S. 116, Anm. 41.

eines fremden Gesetzes mit dem Völkervertrag, an dem die Bundesrepublik Deutschland beteiligt ist[172], und mit dem allgemeinen Völkerrecht überprüfen muß[173]. Das muß auch im vorliegenden Fall insbesondere deswegen gelten, weil die Beschlüsse der internationalen Organisationen in der Bundesrepublik Deutschland, wie wir im folgenden zeigen werden, Wirkung nur entfalten können, wenn sie sich von der Satzung ableiten lassen.

4. Anwendung des estoppel-Prinzips auf das Verhalten der Bundesregierung bei der Verabschiedung des Personalstatuts durch die Eurocontrol-Organe

Da das Verwaltungsstatut des Personals nur durch einstimmigen Beschluß aller Mitgliedstaaten verabschiedet werden konnte, ist wohl anzunehmen, daß die Regierung der Bundesrepublik Deutschland dem Verwaltungsstatut des Personals zugestimmt hat. Der Geltendmachung der Nichtigkeit dieses Beschlusses wegen eines Verstoßes gegen Ziff. 5 des Zeichnungsprotokolls könnte dann auf der völkerrechtlichen Ebene der Rechtsgrundsatz des estoppel (venire contra factum proprium) entgegenstehen, der möglicherweise auch den deutschen Richter binden könnte.

a) Die Voraussetzungen des estoppel-Prinzips

Die Voraussetzungen des estoppel im Völkerrecht sind nicht ganz klar[174]. Im vorliegenden Fall könnte, da die Bundesrepublik keine Rechtsansicht über die Wirksamkeit des Beschlusses abgegeben hat, sondern wohl nur für den Beschluß gestimmt hat, ein sogenannter „estoppel by treaty" vorliegen. In solchen Fällen ist der Staat an den Inhalt früher abgegebener Willenserklärungen gebunden. Voraussetzung ist allerdings, daß ein späteres Abweichen von dieser Willenserklärung gegen Treu und Glauben verstößt und daß den Vertragspartnern hierdurch ein Schaden entsteht[175]. Am zweiten Element fehlt es im vorliegenden Fall. Denn die Nichtigkeit des Beschlusses, der die Zuständigkeit des ILO-Verwaltungsgerichts begründet, führt offensichtlich zu einem Schaden weder der Vertragspartner noch von Eurocontrol. Die Voraussetzungen des estoppel im Völkerrecht liegen also im vorliegenden Falle nicht vor.

---

172 Ebenda.

173 Vgl. *Bleckmann*, Grundgesetz und Völkerrecht (Anm. 24), S. 262.

174 Vgl. *E. Menzel*, Estoppel-Prinzip, in: Strupp / Schlochauer (Anm. 21), Bd. I, S. 441 m. w. N.; neuerdings *M. Hirsch*, Le Principe de l'estoppel en droit international public, 1979.

175 So besonders deutlich *M. Hirsch* (Anm. 174).

b) Verzicht der Bundesrepublik Deutschland auf die Kompetenz der nationalen Gerichte

Die Bundesrepublik Deutschland könnte ferner durch die Zustimmung zu dem Beschluß der Kommission, welche mit dem Verwaltungsstatut des Personals die ausschließliche Zuständigkeit des Verwaltungsgerichts der ILO für Streitigkeiten mit den Bediensteten von Eurocontrol begründet, auf den „Vorbehalt" der Ziff. 5 des Zeichnungsprotokolls verzichtet haben.

aa) Hierzu ist zunächst einmal darauf hinzuweisen, daß ein Verzicht im Völkerrecht nur auf Ansprüche des betreffenden Vertragspartners gegenüber anderen Vertragsstaaten, nicht auf Kompetenzen möglich ist[176]. Ziff. 5 des Zeichnungsprotokolls begründet aber keine solchen Rechte oder Ansprüche der Bundesrepublik Deutschland, sondern bekräftigt nur die auf der allgemeinen Souveränität der Bundesrepublik beruhende Zuständigkeit der gerichtlichen Streitentscheidung. Der angebliche Verzicht der Bundesrepublik Deutschland stellt also in Wirklichkeit *eine Änderung der völkerrechtlichen Kompetenzordnung,* der Kompetenzverteilung zwischen der Bundesrepublik Deutschland und Eurocontrol bzw. der ILO dar. Solche Kompetenzverschiebungen können aber nicht aufgrund eines Verzichts, sondern nur aufgrund eines Vertrages herbeigeführt werden. Auch der Verzicht als einseitiger Rechtsakt entfaltet völkerrechtliche Bindungswirkung nur, soweit das Völkergewohnheitsrecht den Verzicht zuläßt. Die in der Literatur zitierten Beispielsfälle betreffen aber in einer für Völkergewohnheitsrecht

---

[176] Die Literatur zum Verzicht (vgl. *H. Engelhardt,* „Verzicht", in: Strupp / Schlochauer (Anm. 21), Bd. 3, S. 587; *G. Biscottini,* Atti unilaterali nel diritto internazionale, 1951; *A. Cavaglieri,* Alcuni observazioni sul concetto di rinuncia nel diritto internazionale, Riv. di dir. int. 12, 1918, 3 ff.; *Dehaussy,* Les actes juridiques unilatéraux en droit international, Journal de droit international 1965, S. 41; *J.-P. Jacqué,* Eléments pour une théorie de l'acte juridique en droit international public, 1972; *E. Suy,* Les actes juridiques unilatéraux en droit international public, 1962; *Tommasi di Vignano,* La rinuncia nel diritto internazionale, Riv. di dir. int. 12, 1918, 3 ff.; *Venturini,* La portée et les effets des actes unilatéraux des Etats, RdC 1964 II, S. 367) zeichnet sich mangels hinreichender Praxis und Rechtsprechung durch eine außerordentlich starke Neigung zur Begriffsjurisprudenz aus. Das gilt vor allem für die „objektive" Verzichtsfähigkeit, d. h. für die Frage, auf *was* der Staat verzichten kann. Dabei wird von der Lehre betont, daß der Staat auf seine Existenz und seine Grundrechte — damit aber wohl auch auf seine Kompetenzen — nicht verzichten kann. Dagegen soll der Staat auf sein Gebiet verzichten können; das ist aber wohl nur in der Form der „Dereliktion" möglich, wenn keine Zession vorliegt. Nur auf Gebietsansprüche kann m. a. W. verzichtet werden. Allerdings ist darauf hinzuweisen, daß *Suy,* S. 158 - 165, einige Beispiele der Praxis aufführt, die auch den Verzicht auf eine Kompetenz gestatten könnten. Jedenfalls ist diese Praxis noch so wenig dicht, daß ein Rechtssatz des Völkergewohnheitsrechts mit dem Inhalt, daß ein Staat auf seine Kompetenzen verzichten kann, nicht ohne weiteres angenommen werden kann.

hinreichenden Dichte nur den Verzicht auf Ansprüche, nicht die Veränderung der internationalen Kompetenzordnung.

bb) Ein Verzicht ist ferner nach bisherigem Völkergewohnheitsrecht nur auf Ansprüche möglich, die aus einem bilateralen Vertrag fließen[177]. Multilaterale Verträge begründen dagegen im *Allgemeininteresse* der jeweiligen Mitgliedstaaten ein Netz von Rechten und Pflichten, die nur sehr beschränkt noch in ein synallagmatisches Verhältnis fallen. Das Allgemeininteresse erfordert, daß die Staaten ihre Pflichten erfüllen und ihre Kompetenzen ausüben. Ebensowenig wie im nationalen Recht ein Individuum auf ein Recht verzichten kann, das im Allgemeininteresse begründet ist[178], besteht im Völkerrecht die Möglichkeit eines einseitigen Verzichts auf Kompetenzen, die im Allgemeininteresse begründet sind.

cc) Bei den multilateralen Satzungen der internationalen Organisationen wird diese Bindung an das Allgemeininteresse noch stärker: Die internationalen Organisationen sind auf die Durchsetzung der Allgemeininteressen der betreffenden Gemeinschaft verpflichtet. Deshalb ist auch eine Aussetzung des Satzungsrechts im Wege der Repressalie gegen einen anderen Mitgliedstaat, der dem Repressalienstaat gegenüber die aus der Satzung fließenden Rechte gebrochen hat, grundsätzlich nicht möglich[179]. Deshalb kommt es für die Vertragsdurchführung gegenüber einem Mitgliedstaat auch nicht darauf an, ob der andere Mitgliedstaat zu dem Zeitpunkt, auf den sich der Sachverhalt bezieht, schon Partner des Vertrages war[180]. Man wird sogar noch einen Schritt weiter gehen und annehmen müssen, daß die Mitgliedstaaten einer internationalen Organisation der Organisation bzw. den anderen Mitgliedstaaten gegenüber verpflichtet sind, den Vertrag auch gegenüber Nichtmitgliedstaaten einzuhalten[181].

Dem könnte man entgegenhalten, daß ein Verzicht auf Rechte aus multilateralen Verträgen jedenfalls insoweit möglich sein müsse, als diese Rechte nicht im Allgemeininteresse, sondern nur im Interesse des betreffenden Staates begründet worden sind. Obwohl dieser Ausgangspunkt richtig sein dürfte, kann man im vorliegenden Fall nicht anneh-

---

177 Vgl. *Verdross / Simma* (Anm. 3), S. 352 f.

178 Vgl. *Bleckmann*, Allgemeine Grundrechtslehren, 1979, S. 281 und die dort zitierte deutsche Literatur.

179 Vgl. die Rechtsprechung des EuGH bei *Bleckmann*, Zwangsmittel im Gemeinsamen Markt, Die Repressalie im Europäischen Gemeinschaftsrecht, RIW 1978, S. 91.

180 Zur „Objektivierung" der EMRK vgl. *Hannfried Walter*, Die Europäische Menschenrechtsordnung, 1970.

181 Zur Anwendung des Londoner Schuldenabkommens auf Drittstaaten vgl. BVerwGE 35, 262; dazu *Bleckmann*, Deutsche Rechtsprechung zu völkerrechtlichen Fragen 1969 - 1970, ZaöRV 1972, S. 151.

men, daß die Zuweisung und Bestätigung nationaler Kompetenzen durch die Immunitätsregelung des Vertrages und insbesondere die Bestätigung der Kompetenz der Bundesrepublik Deutschland zur rechtlichen Beilegung der Streitigkeiten der Bediensteten von Eurocontrol nur den deutschen Interessen dient.

Wie im nationalen Verfassungsrecht die Kompetenzverteilung zwischen Bund und Ländern im Allgemeininteresse liegt und ein Verzicht auf Kompetenzen oder eine einseitige Übertragung von Kompetenzen nicht möglich ist[182], bildet die Kompetenzverteilung zwischen einer internationalen Organisation und den Mitgliedstaaten, die insbesondere auch in der jeweiligen ausgewogenen Immunitätsregelung auf dem Hintergrund der völkerrechtlichen Staatenkompetenzen zum Ausdruck gelangt, eines der Kernbereiche jeder internationalen Satzung[183]. Diese Kompetenzverteilung ist notwendig im Allgemeininteresse geregelt. Ein einseitiger Verzicht auf nationale Kompetenzen, der im Grunde eine einseitige Erweiterung der Kompetenzen der internationalen Organisation darstellt, weil der negative Akt des Verzichts auf die nationale Kompetenz von dem positiven Akt der Kompetenzerweiterung der internationalen Organisation nicht getrennt werden kann, ist bei den Satzungen internationaler Organisationen ebensowenig möglich wie im nationalen Verfassungsrecht von Bundesstaaten.

Wie wir im folgenden noch näher darlegen werden, hat sich nämlich das internationale Organisationsrecht vom subjektiven Vertragsrecht, vom Willen der Mitgliedstaaten, weitgehend gelöst und sich zu einer objektiven Rechts- und Kompetenzordnung entwickelt, in der einseitige Kompetenzverlagerungen nicht mehr möglich sind. Eine solche Kompetenzverlagerung kann nur durch eine Änderung des Vertrages in Form eines neuen Vertrages erzielt werden.

c) Beachtlichkeit des estoppel-Prinzips und des Verzichts der Bundesregierung durch den deutschen Richter

Wenn das Gericht das Vorliegen eines estoppel oder eines manchmal neben dem estoppel behaupteten, aus dem im Völkerrecht anerkannten Grundsatz von Treu und Glauben entwickelten Rechtsfalls des venire contra factum proprium annehmen sollte oder von einem völkerrechtlich wirksamen Verzicht der Bundesrepublik Deutschland auf die aus Ziff. 5 des Zeichnungsprotokolls und aus dem Völkergewohnheitsrecht

[182] BVerfGE 1, 35; 4, 139.

[183] Für die Kompetenzverteilung zwischen den Staaten und der EG hat die Lehre sogar eine eigene Doktrin entwickelt, vgl. *Léontin-Jean Constantinesco*, Das Recht der Europäischen Gemeinschaften, Bd. I, Das institutionelle Recht, 1977, S. 234 ff.; *Hugo J. Hahn*, Funktionenteilung im Verfassungsrecht europäischer Organisationen, 1977.

fließende Kompetenz ausgehen sollte, stellt sich das Problem, ob der deutsche Richter den estoppel und den Verzicht im innerstaatlichen Recht zu beachten hat.

aa) Beim estoppel und beim Verzicht handelt es sich um *einseitige Völkerrechtsakte* der Bundesrepublik Deutschland, die grundsätzlich weder durch Art. 25 GG noch durch ein deutsches Zustimmungsgesetz in innerstaatliches Recht transformiert worden sind. Folgt man der klassischen Theorie, wäre der völkerrechtlich wirksame estoppel oder Verzicht vom deutschen Richter nicht zu beachten.

bb) Die Wirkung des estoppel und des Verzichts im innerstaatlichen Recht kann zunächts in Analogie zur einseitigen *Kündigung* völkerrechtlicher Verträge dadurch erklärt werden, daß der Verzicht und der estoppel die entsprechenden Verträge oder Vertragsbestimmungen auf der Völkerrechtsebene zum Erlöschen bringen, so daß das Zustimmungsgesetz keinen Gegenstand mehr findet, den es in deutsches Recht transformieren kann.

(1) Die Transformationstheorie hat gewisse Schwierigkeiten, die innerstaatliche Wirkung solcher Akte auf der nationalen Ebene zu erklären. Da der Vertragsinhalt durch das Zustimmungsgesetz Inhalt eines nationalen Gesetzes mit einem vom Völkerrecht getrennten nationalen Geltungsgrund geworden ist, hat nach der Transformationstheorie im engeren Sinne der Wegfall des Vertrages oder einzelner Vertragsbestimmungen im nationalen Recht keine Wirkung; das Gesetz gilt vielmehr trotz Wegfalls der völkerrechtlichen Bindungen innerstaatlich weiter[184]. Die neuere Transformationstheorie[185] will dagegen eine Vermutung dafür begründen, daß der nationale Gesetzgeber das Zustimmungsgesetz nur solange aufrechterhalten will, wie die völkerrechtliche Bindung weiterbesteht. Auf diese Weise wird die innerstaatliche Geltung des Transformationsgesetzes an die völkerrechtliche Geltung des Vertrages geknüpft. Die Rechtsprechung hat diese Theorie allerdings bisher noch nicht bestätigt. Nach der Vollzugstheorie[186], die bisher von den Instanzgerichten nicht übernommen wurde, aber in der neueren Rechtsprechung des Bundesverfassungsgerichts schon anklingt[187], hat das nationale Zustimmungsgesetz nur noch die beschränkte

---

184 Vgl. dazu im einzelnen *G. Boehmer*, Der völkerrechtliche Vertrag im deutschen Recht, 1965, und die dort zitierten Entscheidungen des Deutschen Reichsgerichts.

185 Vgl. *Boehmer* (Anm. 184).

186 Vgl. *K. J. Partsch*, Die Anwendung des Völkerrechts im innerstaatlichen Recht. Überprüfung der Transformationslehre, Berichte der Deutschen Gesellschaft für Völkerrecht, H. 4, 1964. Zur Unterscheidung zwischen der Transformationstheorie und der Vollzugstheorie vgl. auch *Bleckmann*, Grundgeseetz und Völkerrecht (Anm. 24), S. 277, 285.

187 BVerfG, Urt. v. 25. 7. 1979 — EuGRZ 1979, S. 547. Das BVerfG spricht

Funktion, den deutschen Gerichten und Behörden den Vollzug des Völkerrechts im innerstaatlichen Rechtsraum zu befehlen. Auch im innerstaatlichen Rechtsraum gilt das Völkerrecht als Völkerrecht, beruht also weiterhin auf dem völkerrechtlichen Geltungsgrund; mit dem Wegfall des Vertrages durch Kündigung entfällt automatisch die innerstaatliche Wirkung des Vertrages oder Völkergewohnheitsrechts.

(2) Diese Theorien funktionieren aber wohl nur, wenn der *gesamte Vertrag* durch eine Kündigung oder durch Verzicht auf alle Rechte nach Erfüllung aller Pflichten[188] auf der Völkerrechtsebene in Wegfall kommt. Verzichtet die Bundesrepublik Deutschland nur auf eine der zahlreichen Vertragsrechte und gilt der Vertrag im übrigen weiter oder bezieht sich der estoppel nur auf eine Vertragsbestimmung, wie dies im Streitfall anzunehmen ist, führen die obigen Theorien zu einem der Verfassung nicht entsprechenden Ergebnis. Denn durch dieses Herausbrechen einzelner Vorschriften aus dem Gesamtvertrag wird der Inhalt des Vertrages, auf den sich die Zustimmung des Parlaments gerichtet hat, geändert. Dies gilt insbesondere dann, wenn durch einen solchen Verzicht oder estoppel sich die Kompetenzen zwischen der Bundesrepublik Deutschland und einer internationalen Organisation verschieben. Auch nach deutschem Verfassungsrecht kann im Lichte des Art. 59 II GG es nicht allein der Exekutive zustehen, einen vom Parlament gebilligten Vertrag einseitig zu ändern. In solchen Fällen wird man Art. 59 II GG dahin auslegen müssen, daß er zwar nicht die Zustimmung des Parlaments zu dem einseitigen Akt vorschreibt, aber verlangt, daß eine solche Vertragsänderung durch einen formellen Vertrag beschlossen wird, der der Zustimmung des Parlaments unterbreitet wird.

(3) Im vorliegenden Fall liegt ferner nicht nur ein Verzicht auf völkerrechtliche Rechte vor, sondern eine Beschränkung der durch deutsche Gesetze begründeten Zuständigkeitsordnung der deutschen Gerichte, die sich grundsätzlich so weit erstreckt, wie die internationale Zuständigkeit der Bundesrepublik reicht. Eine solche Änderung der deutschen Gesetze und der deutschen Zuständigkeitsordnung ist aber durch einen einseitigen Völkerrechtsakt der Bundesregierung nicht herbeizuführen; erforderlich ist ein deutsches Gesetz, entweder in Form eines Zustimmungsgesetzes zu einem völkerrechtlichen Vertrag oder in der Form eines autonomen Gesetzes. Die Erwägungen zu (2) und (3) führen so zu dem Ergebnis, daß der deutsche Richter, selbst wenn der Verzicht und der estoppel völkerrechtlich binden, diese einseitige Änderung der

---

davon, daß das Völkerrecht im deutschen Rechtsraum nicht als innerstaatliches Recht, sondern *als Völkerrecht* gilt.

[188] Vgl. *Verdross / Simma* (Anm. 3), S. 342 f.

Verträge und der deutschen Zuständigkeitsordnung nicht berücksichtigen darf.

cc) Man könnte aber auch darauf abstellen, daß der estoppel und der Verzicht in einem allgemeinen Rechtssatz des Völkergewohnheitsrechts verankert sind, die durch Art. 25 GG in deutsches Recht transformiert worden sind. Der deutsche Richter könnte aufgrund des Art. 25 GG den völkerrechtlichen Rechtssatz anwenden und dabei das einseitige Handeln der Bundesregierung nur als Tatbestandsvoraussetzung der völkerrechtlichen Norm werten[189]. Offensichtlich würde eine solche Theorie die Entscheidung der deutschen Verfassung gegen die Transformation auch einseitiger Akte umgehen und überdies wegen des Vorrangs des Art. 25 GG und der dadurch transformierten Völkerrechtsgrundsätze[190] den einseitigen Völkerrechtsakten der deutschen Regierung im innerstaatlichen Recht einen höheren Rang als sogar den Verträgen und dem Zustimmungsgesetz beilegen.

dd) In neuerer Zeit hat *Frowein*[191] die These aufgestellt, einseitige und zweiseitige Rechtsfeststellungsakte der Bundesrepublik Deutschland, zu denen auch der estoppel zählt, müßten durch die deutschen Gerichte auch außerhalb einer Transformation beachtet werden. Denn einerseits seien solche Rechtsfeststellungsverträge im Völkerrecht mangels obligatorischer Gerichtsbarkeit von außerordentlicher Wichtigkeit. Auf der anderen Seite würde die völkerrechtliche Handlungsfähigkeit der Bundesregierung stark eingeschränkt, wenn sie solche Akte auf der Völkerrechtsebene nicht wirksam setzen könnte: Art. 25 GG und — so ist zu ergänzen — Art. 32 GG setzen die völkerrechtliche und innerstaatliche Wirksamkeit solcher Akte geradezu voraus. Die deutschen Gerichte stünden auf demselben Standpunkt, weil sie Wiederanwendungsverträge über Verträge des Deutschen Reichs unmittelbar anwendeten, obwohl diese Verträge nicht durch ein Zustimmungsgesetz in deutsches Recht transformiert worden seien.

Der Verfasser dieses Gutachtens hat sich in einem Aufsatz zu der Problematik der Wiederanwendung deutscher Vorkriegsverträge ähnlich geäußert[192]. Trotzdem ist für dieses Gutachten darauf hinzuweisen, daß es sich hierbei noch um eine rein spekulative Theorie handelt, die

---

[189] Hierzu und zum folgenden *Bleckmann*, Grundgesetz und Völkerrecht (Anm. 24), S. 255 ff.

[190] Zum Rang des durch Art. 25 GG transformierten allgemeinen Völkerrechts, vgl. *Rojahn* (Anm. 108), Art. 25 (S. 115 ff.).

[191] Vgl. *Jochen A. Frowein*, Die Bindungswirkung von Akten der auswärtigen Gewalt, in: Festschr. f. Eberhard Menzel, 1975, S. 125; vgl. auch *W. M. Bolewski*, Zur Bindung deutscher Gerichte an Äußerungen und Maßnahmen ihrer Regierung auf völkerrechtlicher Ebene, 1971.

[192] *Bleckmann*, Die Wiederanwendung deutscher Vorkriegsverträge, ZaöRV 33, 1973, S. 607.

weder vom Bundesverfassungsgericht noch von den anderen deutschen Gerichten ausdrücklich akzeptiert worden ist.

ee) Gegen diese Theorie kann man geltend machen, daß das estoppel-Prinzip in erster Linie ein prozeßrechtliches Rechtsinstitut ist[193], das von *internationalen Gerichten* für das *völkerrechtliche Rechtsverhältnis* zwischen den Staaten zu beachten ist. Trotz der engen Bindung zwischen den Staatsangehörigen und dem Heimatstaat, die dazu führt, daß die Staatsangehörigen sich Akte ihres Heimatstaates grundsätzlich zurechnen lassen müssen[194], ist im vorliegenden Fall nicht ohne weiteres ersichtlich, warum der Kläger als Individuum sich ein Verhalten der Bundesregierung in einem Streitfall zurechnen lassen muß[195]. Daß die Gerichte als Organe der Bundesrepublik Deutschland völkerrechtlich nicht gegen das estoppel-Prinzip verstoßen dürfen, führt also nicht ohne weiteres zur Anwendung des estoppel-Prinzips auf den vorliegenden Fall.

ff) Schließlich ist zu berücksichtigen, daß — wie wir im folgenden zeigen werden — der Beschluß von Eurocontrol über das Verwaltungsstatut des Personals gegen das deutsche Verfassungsrecht verstößt. Ebensowenig wie ein solcher Verfassungsverstoß durch einen völkerrechtlichen Vertrag der Bundesrepublik überspielt werden könnte, kann dies durch die Anwendung des estoppel-Prinzips oder die Annahme eines Verzichts der Bundesrepublik Deutschland geschehen. Die deutsche Verfassung muß für den deutschen Richter dem estoppel-Prinzip und einem Verzicht der Bundesregierung vorgehen.

5. Verzicht auf die Zuständigkeit der deutschen Gerichte durch die „Zweite Verordnung über die Gewährung von Vorrechten und Befreiungen an die Europäische Organisation zur Sicherung der Luftfahrt — Eurocontrol —“ vom 29. August 1979

Das Landesarbeitsgericht Baden-Württemberg nimmt in seinem am Anfang dieses Gutachtens zitierten Urteil an, die Bundesrepublik Deutschland habe durch die „Zweite Verordnung über die Gewährung von Vorrechten und Befreiungen an die Europäische Organisation zur Sicherung der Luftfahrt — Eurocontrol —“ vom 29. August 1979[196] auf die aus Ziff. 5 des Zeichnungsprotokolls zum Eurocontrol-Vertrag fließende Zuständigkeit der deutschen Gerichte verzichtet.

193 Vgl. die Literatur oben Anm. 186.

194 BVerfGE 30, 409.

195 In der Tat besteht nach deutschem Recht die Regel, daß Individuen grundsätzlich nur durch allgemeine Normen und durch an sie aufgrund einer Norm gerichtete Verwaltungsakte und Urteile gebunden sind. Daß einseitige völkerrechtliche Akte der Bundesregierung den Kläger binden, müßte angesichts dieser Regel besonders nachgewiesen werden.

196 BGBl. II, 1979, S. 970.

a) Zunächst ist festzuhalten, daß diese Verordnung nur die Bediensteten von Eurocontrol von der deutschen *Sozialversicherungspflicht* befreit. Materiellrechtlich liegt darin nicht eine Entscheidung, welche Eurocontrol von der eventuellen Pflicht befreit, für den Kläger an die deutsche Sozialversicherung Beiträge auf einer freiwilligen Basis zu leisten. Prozeßrechtlich gesehen, beinhaltet diese materiellrechtliche Freistellung nicht den Ausschluß der deutschen Gerichtsbarkeit für solche Sozialversicherungsfragen. Schon aus diesem Grunde ist die Entscheidung des Landesarbeitsgerichts abzulehnen.

b) Selbst wenn der Schluß des Landesarbeitsgerichts richtig wäre, wäre die Verordnung in ihrer *prozeßrechtlichen* Auslegung vom deutschen Richter nicht zu beachten. Denn die Verordnung verstößt offensichtlich gegen Ziff. 5 des Zeichnungsprotokolls, das durch das deutsche Zustimmungsgesetz in ein deutsches Gesetz transformiert worden ist. Das Ermächtigungsgesetz, aufgrund dessen die Verordnung erging, konnte und wollte diese Verordnung aber nicht vom verfassungsrechtlichen Prinzip des Vorrangs des Gesetzes freistellen.

c) Völkerrechtlich gesehen liegt in der Verordnung ein Verzicht auf die gerichtliche Kompetenz nicht. Es ist schon fraglich, ob ein solcher Verzicht in einer innerstaatlichen Verordnung ausgesprochen werden kann. Auf jeden Fall kann ein Staat, völkerrechtlich gesehen, nur auf Ansprüche, nicht auf Kompetenzen verzichten.

6. Verstößt die Zuständigkeitsbegründung des Verwaltungsgerichts der ILO durch das Personalstatut von Eurocontrol gegen die Satzung von Eurocontrol und begründet dieser Verstoß die Nichtigkeit der einschlägigen Bestimmungen des Personalstatuts?

Damit ist der Weg für eine Prüfung der Übereinstimmung des Verwaltungsstatuts des Personals mit der Satzung von Eurocontrol freigelegt.

a) Das Personalstatut verstößt gegen den Wortlaut der Ziffer 5 des Zeichnungsprotokolls

Nach der oben dargelegten Auslegung der Satzung von Eurocontrol beinhaltet Ziff. 5 des Zeichnungsprotokolls ein Verbot der Aufhebung der nationalen Zuständigkeit für die richterliche Entscheidung über Rechtsverhältnisse zwischen den internationalen Beamten und Eurocontrol. Das Verwaltungsstatut des Personals verstößt bei einer solchen Auslegung gegen das Zeichnungsprotokoll.

b) Die Begründung der Zuständigkeit des ILO-Verwaltungsgerichts durch das Personalstatut der Eurocontrol wird durch die Art. 13 und 14 der Eurocontrol-Satzung nicht gedeckt

Dagegen kann man nicht anführen, die Art. 13 und 14 der Satzung der Agentur sähen ein Personalstatut für Eurocontrol vor, das auch die Errichtung eines Verwaltungsgerichts beinhalten könne.

aa) Zunächst ist darauf hinzuweisen, daß das Urteil des IGH in seinem Gutachten über die „Effect of Awards of Compensation made by the United Nations administrative Tribunal“ vom 17. Juni 1954[197] zwar in einer auf alle internationalen Organisationen anwendbaren „generalisierenden“ Auslegung der UNO-Satzung festgestellt hat, die Personalhoheit der UNO umfasse auch das Recht zur Errichtung eines internationalen Verwaltungsgerichts für die Bediensteten, daß aber vier von den fünfzehn Richtern *(Winiarski, Alvarez, Hackworth, Carneiro)* mit sehr beachtlichen Argumenten von dem Gutachten des IGH abgewichen sind. Völkerrechtlich steht damit also nicht eindeutig fest, daß internationale Organisationen aufgrund ihrer Personalhoheit ein Verwaltungsgericht einsetzen können.

Dabei ist vor allem zu bedenken, daß Eurocontrol kein eigenes Verwaltungsgericht geschaffen, sondern für seine Personalstreitigkeiten das Verwaltungsgericht der ILO für ausschließlich zuständig erklärt hat. Eine solche „Organleihe“ ist — im Gegensatz vielleicht zu den eigenen Verwaltungsgerichten — durch einen Satz des Völkergewohnheitsrechts nicht gestattet. Wenn man auch der Auffassung folgen könnte, Eurocontrol habe das von der ILO geschaffene Verwaltungsgericht durch seinen Beschluß zu einem *eigenen* Hilfsorgan gemacht, ist doch zu bedenken, daß hier von einer fremden Organisation eingesetzten, unter dem Einfluß dieser Organisation stehenden, die dienstlichen Interessen der Eurocontrol und die soziale Lage der Beamten von Eurocontrol nicht hinreichend kennenden Richtern die Tätigkeit von Eurocontrol beeinflußt und damit in eine andere Richtung gelenkt werden kann, als der Eurocontrol-Vertrag dies vorsieht. Überdies ist es sehr fraglich, ob der Eurocontrol-Vertrag es gestattet, daß, wie Art. 93 Abs. 5 des Verwaltungsstatuts von Eurocontrol dies vorsieht, die Streitigkeiten vom Verwaltungsgericht der ILO nach *dessen* Prozeßrecht entschieden werden müssen, das nach Art. XI des Statuts des Verwaltungsgerichts der ILO jederzeit durch die Organe der ILO geändert werden kann. Die Tatsache, daß die Verwaltungsgerichtsbarkeit von Eurocontrol so ganz einem fremden Verfahren unterworfen wird, auf das Eurocontrol kei-

[197] ICJ Rep. 1954, 47.

nen Einfluß hat, zeigt deutlich, daß es sich beim Verwaltungsgericht der ILO eben nicht um ein Hilfsorgan von Eurocontrol, sondern nur um ein Hilfsorgan der ILO handelt. Die Satzungen gestatten den internationalen Organisationen nach Völkergewohnheitsrecht aber nur, *eigene,* nicht *„fremde"* Hilfsorgane zu schaffen. Auch insoweit verstößt das Verwaltungsstatut der Eurocontrol also gegen die Satzung.

bb) Selbst wenn Art. 13 und 14 des Eurocontrol-Statuts der Agentur von Eurocontrol im Lichte des Völkergewohnheitsrechts dahin ausgelegt werden müßten, daß die Personalhoheit von Eurocontrol an sich die Kompetenz umfaßt, ein ausschließlich zuständiges Verwaltungsgericht zu schaffen, steht dem doch Ziff. 5 des Zeichnungsprotokolls eindeutig entgegen. Der völkerrechtliche Vertrag, mit dem die Eurocontrol begründet wurde, konnte dabei das allgemeine für internationale Organisationen geltende Völkergewohnheitsrecht außer Kraft setzen. Auch die Auffassung, die Art. 13 und 14 der Satzung der Agentur gingen der Ziff. 5 des Zeichnungsprotokolls wegen seines höheren Ranges vor, ist nicht haltbar, weil alle in einem Gesamtvertragswerk zusammengefaßten Verträge nach einmütiger Auffassung der Völkerrechtslehre grundsätzlich denselben Rang haben.

c) Die Beschränkung der Souveränität der Gesamtheit der Mitglieder einer internationalen Organisation durch das „objektive Verfassungsrecht" der internationalen Organisationen

Gegen die Nichtigkeit des Verwaltungsstatuts des Personals wendet sich das Gutachten von *Seidl-Hohenveldern* mit der These, das Verwaltungsstatut des Personals sei durch einen einstimmigen Beschluß aller Mitgliedstaaten verabschiedet worden, dieser Beschluß müsse aber als Vertrag gedeutet werden, auch im Recht der internationalen Organisationen aber könne ein formloser Vertrag zwischen allen Mitgliedstaaten den ursprünglichen Vertrag jederzeit aufheben und ändern.

aa) Wenn diese Theorie auch in der Lehre nicht ausdrücklich vertreten wird, fließt sie doch aus den Grundlagen des völkerrechtlichen Vertragsrechts und der Tatsache, daß die Lehre auch beim Europäischen Gemeinschaftsrecht stets behauptet hat, die Mitgliedstaaten in ihrer Gesamtheit seien „Herren der Verträge" geblieben.

bb) Allerdings ist anzunehmen, daß diese „Vertragstheorie" durch die „Objektivierung" des Rechts der internationalen Organisationen, durch die Annäherung dieses Rechts an die nationale Rechtsordnung heute weitgehend ihre Bedeutung verloren hat, daß heute also auch einstimmige Beschlüsse der Staatenvertreter in einem Organ der internationalen Organisation nicht gegen die Satzung verstoßen dürfen:

(1) Nach dem modernen Verfassungrecht der Staaten, wie es etwa im Grundgesetz der Bundesrepublik Deutschland zum Ausdruck gelangt, sind mangels Souveränität alle Organe des Staates an die Verfassung gebunden; sie können nur im Rahmen der ihnen durch die Verfassung verliehenen Kompetenzen und in dem vorgeschriebenen Verfahren handeln. Das gilt trotz seiner Souveränität grundsätzlich auch für das Volk, soweit es — wie bei einem Referendum und einer Wahl — als Organ des Staates handelt.

Das Recht der internationalen Organisationen hat dieses staatliche Modell weitgehend übernommen. Hinzuweisen ist zunächst darauf, daß in der Lehre die Satzungen internationaler Organe meist mit den nationalen Verfassungen verglichen werden[198]. Dieser Vergleich spricht die Funktion der Verfassung in internationalen Organisationen an:

Selbst die aus Vertretern der Staaten zusammengesetzten Organe können nach dieser Konzeption nur im Rahmen der Kompetenzen handeln, die ihnen von der jeweiligen Satzung zugewiesen werden. Im Rahmen der Organschaft üben auch die Staatenvertreter keine *originäre Staatsgewalt*, sondern die von der Satzung *abgeleiteten Kompetenzen* des betreffenden Organs aus. Das zeigt sich insbesondere im Recht der UNO, in welchem die aus allen Mitgliedstaaten zusammengesetzte Vollversammlung nur im Rahmen ihrer Kompetenzen, die zugunsten des engeren Staatenorgans des Sicherheitsrats stark beschränkt sind, handeln darf. Der IGH hat festgestellt, daß die Vollversammlung, obwohl sie aus allen Mitgliedstaaten besteht, sich nicht an die Stelle des Sicherheitsrats setzen und dessen Kompetenzen ausüben dürfe[199].

Allerdings könnte man mit *Seidl-Hohenveldern* annehmen, daß diese „Objektivierung" der internationalen Organisation, die Schaffung einer echten Rangordnung zwischen dem Primär- und dem Sekundärrecht, die Schaffung einer objektiven Kompetenzordnung und die Beschränkung auch der alle Mitgliedstaaten umfassenden Organe auf eine Organfunktion nur funktioniert und nur insoweit gilt, als diese Organe *mehrheitlich* entscheiden. Denn dann kann die Verbindlichkeit der Beschlüsse für die überstimmten Staaten nur aus der Satzung abgeleitet werden. Wenn dagegen alle Mitgliedstaaten einstimmig entscheiden, sei die Verbindlichkeit dieses Beschlusses nicht durch Ableitung aus der Satzung, sondern durch einen Vertrag, durch die Ausübung der souveränen Hoheitsgewalt der Staaten zu erklären. Die These von *Seidl-Hohenveldern* kann dabei darauf verweisen, daß nicht nur die Organe von Eurocontrol, sondern auch andere internationale Organi-

198 *Seidl-Hohenveldern,* Das Recht der internationalen Organisationen (Anm. 96), S. 199 ff.

199 ICJ Rep. 1950, 4.

sationen ihre Satzungen manchmal durch einstimmige Beschlüsse des Organs, in dem alle Staaten vertreten sind, geändert haben.

Gegen diese These ist darauf hinzuweisen, daß etwa die Lehre schon bei der UNO zögert, auch einstimmige Resolutionen der UNO-Vollversammlung in einen bindenden Vertrag umzudeuten[200]. Überdies geht die moderne Konzeption im Bereich des europäischen Rechts über diese These hinweg. Nach dem Recht der drei europäischen Gemeinschaften muß der EuGH auch einen einstimmig gefaßten Beschluß des aus Vertretern aller Mitgliedstaaten bestehenden Ministerrats — und der Ministerrat entscheidet auch heute trotz der Vertragsbestimmungen aufgrund der Luxemburger Beschlüsse nur einstimmig — aufheben, wenn er gegen die Gründungsverträge, gegen das Primärrecht verstößt. Der EuGH hatte sehr häufig die Gelegenheit, solches Sekundärrecht aufzuheben. Die Lehre steht einstimmig auf dem Standpunkt, daß das Sekundärrecht der EG in solchen Fällen, also auch bei einstimmigen Beschlüssen des Ministerrats, an das Primärrecht gebunden ist.

Daß die Staatenvertreter im Ministerrat und die Regierungschefs im Europäischen Rat in ihrer Eigenschaft als Regierungsvertreter und nicht als Mitglieder des Organs Ministerrat häufig Beschlüsse fassen, die über das Recht der drei Gründungsverträge hinausgehen, und daß diese Beschlüsse von der Lehre in formlose Verträge aller Mitgliedstaaten umgedeutet werden[201], steht dem nicht entgegen. Denn einerseits ist, wenn die Regierungsvertreter im Rahmen des Ministerrats die Kompetenzen des Rates wahrnehmen und das für den Ministerrat vorgesehene Verfahren befolgen, also Sekundärrecht verabschieden, davon auszugehen, daß sie an das Vertragsrecht gebunden sind; im entsprechenden vorliegenden Fall haben die Organe von Eurocontrol aber im Rahmen der ihnen aus Art. 13 und 14 der Agentursatzung zustehenden Kompetenzen gehandelt, so daß sie als Organe von Eurocontrol an die Satzung gebunden waren. Auf der anderen Seite ist anzunehmen, daß auch die Regierungsvertreter bei der Wahrnehmung der originären Souveränität der Staaten an den EWG-Vertrag gebunden sind, weil die Staaten sich insoweit wirksam selbst an die Verträge gebunden haben[202]. Das in der EG entwickelte moderne Modell der objektiven Rechtsordnung internationaler Organisationen muß aber mindestens als

---

200 Vgl. die umfassende Darstellung der Bindungswirkung von Resolutionen der UNO bei *Tomuschat*, Die Charta der wirtschaftlichen Rechte und Pflichten der Staaten. Zur Gestaltungskraft von Deklarationen der UN-Generalversammlung, ZaöRV 36, 1976, S. 444.

201 Vgl. die Literatur bei *Bleckmann*, Europarecht (Anm. 161), S. 62.

202 Die Luxemburger Beschlüsse stehen dem nicht entgegen. Denn der Ministerrat *kann* nach dem EWG-Vertrag mehrheitlich entscheiden, er *muß* es aber nicht. Eine Vertragsänderung liegt also nicht vor.

europäisches Gewohnheitsrecht für alle internationalen Organisationen der „europäischen Familie" gelten, zu der Eurocontrol zählt.

(2) Wie für die UNO gezeigt wurde, hat sich aber auch das universelle Recht der internationalen Organisationen an dem modernen staatlichen Modell ausgerichtet. Diese „Objektivierung" des Rechts der internationalen Organisationen, das Abrücken vom „subjektiven" Völkervertragsrecht, wie es in der Wiener Vertragsrechtskonvention zusammengefaßt wird, zeigt sich aber in zahlreichen anderen Bereichen. Zunächst ist darauf hinzuweisen, daß die Satzung der internationalen Organisationen entgegen dem Art. 31 der Wiener Vertragsrechtskonvention wie nationale Verfassungen objektiv vor allem nach ihren Zwecken auszulegen ist[203]. Dieses Abrücken des Rechts der internationalen Organisationen vom Willen der Mitgliedstaaten zeigt sich in mehreren anderen Bereichen. So verliert in internationalen Organisationen etwa das auf den Willen der Mitgliedstaaten gestützte Auslegungsmittel der subsequent practice und das Gewohnheitsrecht stark an Raum, weil diese Rechtsquellen die Leitungsfunktion des Vertrages beeinträchtigen können[204]. Die Nichtigkeitsgründe der Wiener Vertragsrechtskonvention, etwa Irrtum, arglistige Täuschung usw., können bei internationalen Organisationen wohl deshalb nicht in vollem Umfang greifen, weil, wenn die Organisation ins Leben getreten ist und eine eigene Rechtsordnung entwickelt hat, die Prinzipien der faktischen Gesellschaft[205] ins Völkerrecht übertragen werden müssen; diese Nichtigkeitsgründe können nicht zur Aufhebung ex tunc, sondern nur zu einer Kündigung des Vertrages ex nunc berechtigen[206]. In internationalen Organisationen gelten weitgehend auch nicht die Prinzipien der Synallagmatik und kann die Repressalie nicht angewendet werden, weil es sich nicht um den Austausch von Leistungen, sondern um objektive Verträge handelt, die Allgemeininteressen der betreffenden Gemeinschaft durchsetzen sollen.

(3) Die Übernahme des modernen Verfassungsmodells durch das Recht der internationalen Organisationen und das unter (2) geschilderte allgemeine Abrücken vom „subjektiven" Vertragsrecht zugunsten einer Objektivierung der Rechtsordnung führt also zur Bindung der Organe von Eurocontrol an den Vertrag. Allerdings ist zu berücksichtigen, daß auch bei einer solchen Objektivierung die These von *Seidl-Hohenveldern* insoweit zu beachten ist, als in der objektiven Rechts-

---

203 Zur Auslegung der UNO-Satzung vgl. *Verdross / Simma* (Anm. 3), S. 88.

204 *Bleckmann*, Teleologie und Auslegung des Europäischen Gemeinschaftsrechts, EuR, 1979, S. 239.

205 *Verdross / Simma* (Anm. 3), S. 217.

206 Die Bestimmung des Art. 69 der Wiener Vertragsrechtskonvention paßt auf die Satzungen internationaler Organisationen offensichtlich nicht.

ordnung der internationalen Organisationen ebenso wie im nationalen Verfassungsrecht das Problem des *Trägers der Souveränität* eine entscheidende Rolle spielt[207]. Wie die in der Lehre allgemein übliche Bezeichnung der Vertragspartner als „Herren der Verträge" aufzeigt, ist in der Tat in internationalen Organisationen der Träger der Souveränität die *Gesamtheit der Mitgliedstaaten*, die unter Berufung auf ihre Gesamtsouveränität sich über den Gründungsvertrag hinwegsetzen könnten.

In der Tat hat sich auch in den Staaten die oben geschilderte moderne Verfassungskonzeption erst allmählich durchsetzen können. Solange der Fürst, später etwa der „Führer" als souverän angesehen wurden, war der Gedanke an eine echte Verfassungs- und Kompetenzordnung, die Beschränkung des Fürsten auf eine Organstellung undenkbar. Erst mit der Übertragung der Souveränität vom Fürsten auf den Staat war die Beschränkung des Fürsten auf eine Organstellung, war eine objektive Rechts- und Kompetenzordnung mit der ihr eigenen Rangordnung der Akte möglich. Allerdings führte das Dogma der Souveränität des Staates im 19. Jh. zu der Schwierigkeit, die Bindung des souveränen Staates an das Recht im Völkerrechtsraum und im innerstaatlichen Rechtsraum zu begründen. Erst allmählich konnte sich die Ansicht durchsetzen, daß die Souveränität gerade auch die Möglichkeit umfassen müsse, sich durch Rechtsakte selbst zu binden. Nach der Einführung der Demokratie führte in zahlreichen Staaten, vor allem in Frankreich und Großbritannien[208], die Souveränität des *Parlaments* zu der Folge, daß die Bindung dieses Staatsorgans an die Verfassung mangels richterlichen Prüfrechts rein „ideal" blieb. Erst die Verlagerung der Souveränität auf das — meist handlungsunfähige — Volk konnte zu einer vollen Entwicklung der Rang- und Kompetenzordnung führen. Soweit das Volk allerdings wie etwa beim Referendum handlungsfähig ist, stellt sich trotz der Annahme, das Volk handele in solchen Fällen als Organ des Staates und sei deshalb an die Verfassung gebunden, das Problem der faktischen Bindung der Souveränität des Volkes an die Verfassung in seinem ganzen Umfang[209]. Im übrigen hat sich die Verfassungsordnung in den Staaten nur insoweit durchgesetzt, als eine echte Verfassungsgerichtsbarkeit eingeführt wurde[210].

---

[207] So hat etwa *Alvarez* die Vollversammlung der UNO als souveränes Organ der verfaßten Völkerrechtsgemeinschaft dargestellt (ICJ Rep. 1954, 67 ff.).

[208] Vgl. *Hans. G. Petersmann*, Die Souveränität des Britischen Parlaments in den Europäischen Gemeinschaften, 1972.

[209] Vgl. *Bleckmann*, Die Zulässigkeit des Volksentscheids nach dem Grundgesetz, JZ 1978, S. 217.

[210] Vgl. *H. Mosler* (Hrsg.), Die Verfassungsgerichtsbarkeit in der Gegenwart, Länderberichte und Rechtsvergleich, 1962.

Diese Parallele zeigt die Problematik der Bindung der souveränen Staatengemeinschaft an die zwischen den Mitgliedstaaten verabschiedeten Satzungen internationaler Organisationen in vollem Umfang auf. Solange in den internationalen Organisationen kein starkes Parlament vertreten ist, das auf die Einhaltung der Verfassung drängen kann, solange die Staaten sich selbst wie in der EG einer „Verfassungsgerichtsbarkeit" nicht freiwillig unterworfen haben, ist die Bindung der souveränen Staaten an die Satzung internationaler Organisationen problematisch, weil diese Organisationen weitgehend nur von den Mitgliedstaaten getragen werden. Erst wenn wie im Bismarck-Reich neben die aus den Staatenvertretern bestehenden Organe starke „unitarische" Organe wie etwa der Reichstag treten, verlieren die Staaten ihre Qualität als Herren der Verträge. Nur weil im Deutschen Reich wegen der wachsenden Machtstellung des Reichstags die Souveränität nicht mehr bei der Gesamtheit der Länder lag, konnte der Bismarck zugeschriebene Plan einer Verfassungsänderung durch neue Verträge zwischen den Ländern nicht mehr durchgeführt werden[211].

(4) Diese Erwägungen zeigen, daß die Bindung der Souveränität der eine internationale Organisation tragenden Staatengemeinschaft an die Satzung problematisch ist. Diese Bindung kann nur auf dem Willen der souveränen jeweiligen Staatengemeinschaft selbst beruhen:

a) Dabei muß zunächst davon ausgegangen werden, daß die Souveränität auch die Möglichkeit umfaßt, sich selbst zu binden[212]: Die Staaten können dann auch bei gemeinsamem Handeln die von ihnen gesetzte Rechtsordnung nur noch in dem Verfahren ändern, das in der Satzung selbst vorgesehen ist. Daß eine solche Selbstbindung der Staaten im Völkerrecht und im nationalen Recht als möglich angesehen wird, ergibt sich aus der Tatsache, daß auch alle Staaten der Welt trotz eines völligen Konsenses auf einer universellen Staatenkonferenz an die Rechtsquellenlehre des Völkerrechts gebunden sind, daß also ihre Akte nur binden, wenn sie in einer der anerkannten internationalen Rechtsquellen Ausdruck finden[213]. Das zeigt sich mit aller Deutlichkeit in der Tatsache, daß auch einstimmig verabschiedete Resolutionen der UN-Vollversammlung mangels Möglichkeit der Subsumtion unter eine der anerkannten Rechtsquellen von der herrschenden Lehre nicht als völkerrechtlich verbindlich angesehen werden[214]. Auf der anderen Seite ist heute unumstritten anerkannt, daß die souveränen Staaten sich völker-

---

211 Vgl. *Ernst-Rudolf Huber*, Deutsche Verfassungsgeschichte seit 1789, Bd. 4, 1969, S. 202.

212 Vgl. *Bleckmann*, Die gemischten Verträge des Europäischen Gemeinschaftsrechts, EuR 1976, S. 301.

213 *Bleckmann*, Die Funktionen der Lehre im Völkerrecht (Anm. 75).

214 *Tomuschat*, Die Charta der wirtschaftlichen Rechte und Pflichten der Staaten (Anm. 200).

rechtlich und innerstaatlich durch von ihnen selbst gesetztes Recht binden können. In Großbritannien ist heute der Satz anerkannt, daß das souveräne britische Parlament sich aufgrund seiner Souveränität selbst binden kann[215].

β) Zumindest aber ist davon auszugehen, daß — ebenso wie das souveräne Volk innerstaatlich gesehen originär eine neue Verfassung setzen kann, aber zu vermuten ist, daß es als Organ des Staates im Rahmen der alten Verfassung handelt — die souveräne Staatengemeinschaft, wenn sie im Rahmen der Kompetenzen einer innerstaatlichen Organisation handelt, nur die Kompetenzen des betreffenden Organs wahrnehmen will und sich deshalb der Satzung der Organisation unterworfen hat.

(5) Den vorausgehenden Ausführungen kann nicht entgegengehalten werden, daß nach der hier vertretenen objektiven Konzeption des Rechts der internationalen Organisation eine Änderung der Satzung und des Zeichnungsprotokolls der Eurocontrol nicht möglich sei, weil der Vertrag ausdrücklich nur ein Änderungsverfahren für die Satzung von Eurocontrol und das Zeichnungsprotokoll festgelegt hat. Hierzu ist zunächst zu sagen, daß auch nach unserer Ansicht die Satzung der Agentur nur in dem dort geregelten Verfahren geändert werden kann[216]. Der Vertrag über Eurocontrol und das Zeichnungsprotokoll kann nach der actus contrarius-Doktrin[217] zumindest wieder durch einen förmlichen Völkerrechtsvertrag mit Ratifikation der Mitgliedstaaten geändert werden. Man wird aber annehmen dürfen, daß der Eurocontrol-Vertrag und das Zeichnungsprotokoll auch durch einen formlosen Vertrag geändert werden können. Erforderlich ist allerdings, daß aus der Wahl der Form durch die Vertragspartner klar hervorgeht, daß sie nicht als *Organ* der Eurocontrol die im Vertrag vorgesehenen Kompetenzen wahrnehmen wollten und insofern an den Vertrag gebunden sind, sondern daß sie vom Eurocontrol-Vertrag *völlig* abrücken und auf ihre originäre Hoheitsgewalt zurückgreifen wollten.

Damit haben die voranstehenden Ausführungen gezeigt, daß der Formverzicht im allgemeinen Völkerrecht[218] in internationalen Organisationen im Interesse der Rechtsstaatlichkeit und der Objektivität der Rechtsordnung internationaler Organisationen durch das Prinzip der Formenstrenge ersetzt worden ist.

---

215 *Hans G. Petersmann* (Anm. 208).

216 Vgl. *Bleckmann*, Die gemischten Verträge des Europäischen Gemeinschaftsrechts (Anm. 212).

217 Dazu *Bleckmann*, Die Mitwirkung des französischen Parlaments beim Abschluß, bei der Aufhebung und Änderung von Verträgen, ZaöRV 26, 1966, S. 210.

218 Dazu *Verdross / Simma* (Anm. 3), S. 351.

Zum Schluß sei darauf hingewiesen, daß die Objektivierung der Rechtsordnung internationaler Organisationen, die Errichtung einer echten Rang- und Kompetenzordnung, die Transformation der souveränen Staatsgewalt, die originäre Hoheitsgewalt ausübt, in ein Organ der internationalen Organisation, das nur noch die von dem Vertrag zugewiesenen Kompetenzen wahrnimmt, der Übergang von der Formfreiheit des allgemeinen Völkerrechts in die Formenbindung, in dem Maße wachsen muß, als die Rechtsordnung der internationalen Organisation nicht nur auf dem Willen der Staaten beruht und nicht nur die Staaten bindet, sondern am Willensbildungsprozeß neben die aus allen Staatenvertretern bestehenden Organe Organe treten, die nur mit wenigen Mitgliedstaaten besetzt sind, und Organe, die wie das Europäische Parlament und die Kommission der EG von den Mitgliedstaaten unabhängig sind, der Rechtsordnung ferner auch die Individuen in den Mitgliedstaaten unterworfen sind. Insbesondere bei supranationalen Organisationen verlangt also auch im Völkerrecht[219] und im Europäischen Gemeinschaftsrecht[220] das bekannte Rechtsstaatsprinzip zum Schutz der Rechtsstellung dieser Organe und der Individuen eine Objektivierung der Rechtsordnung zugunsten der Organisation im angegebenen Sinn: Man kann sich sogar fragen, ob das Grundgesetz die Übertragung von Hoheitsrechten nur an Institutionen gestattet, die eine solche objektive Rechtsordnung verwirklicht haben.

(6) Wir kommen also zu dem Ergebnis, daß aufgrund des vermuteten Willens der Staaten, sich im Rahmen der Ausübung der Kompetenzen eines internationalen Organs an diese Kompetenzen zu halten, der einseitige Beschluß eines aus allen Staatenvertretern zusammengesetzten Organs nicht in einen Vertrag umgedeutet werden kann, in dem die Staaten nicht mehr vom Vertrag abgeleitete, sondern originäre Staatenkompetenzen ausüben. Folglich verstößt das Verwaltungsstatut des Personals gegen Ziff. 5 des Zeichnungsprotokolls.

d) Zur Begründung der Nichtigkeit von Beschlüssen internationaler Organisationen

Hans Kelsen[221] vertritt die Auffassung, der Akt eines internationalen oder nationalen Organs, der gegen höherrangiges Recht verstößt, sei nur dann nichtig, wenn ein völkerrechtlicher bzw. ein innerstaatlicher Rechtssatz dies ausdrücklich vorsieht. Da im Völkerrecht ein allgemeiner Rechtssatz, daß Akte internationaler Organisationen, welche

---

219 Vgl. *Lalive* (Anm. 58).

220 *Bleckmann*, Der Rechtsstaat in vergleichender Sicht, JIR 20, 1977, S. 406.

221 *Bleckmann*, Das Verhältnis des Völkerrechts zum Landesrecht im Lichte der „Bedingungstehorie". Versuch einer monistisch-dualistischen Mischtheorie, AdV 1979, S. 257.

gegen die Satzung verstoßen, nichtig sind, kaum nachgewiesen werden kann, wäre nach dieser Theorie das Verwaltungsstatut des Personals trotz des Satzungsverstoßes gültig.

Die *Kelsen*sche Theorie kehrt aber meines Erachtens Grundsatz und Ausnahme unzulässig um. Nach den Prinzipien, wie sie für die internationalen Organisationen entwickelt worden sind, kann ein Sekundärakt Bindungswirkung nur entfalten, wenn und soweit er sich auf die Satzung stützt. Ein Akt, der gegen die Satzung verstößt, kann aus der Satzung nicht abgeleitet werden. Er entfaltet keine Bindungswirkung und ist mit anderen Worten nichtig.

Überdies ist es ein grundsätzliches Prinzip des Völkerrechts und des nationalen Rechts, daß Akte der Staaten, der internationalen Organisationen und der Individuen im Völkerrecht und im nationalen Recht Bindungswirkung nur aufgrund der Rechtsordnung entfalten. Nur wenn die Rechtsordnung eine solche Bindungswirkung ausdrücklich vorsieht, können die Akte Rechtswirkung entfalten.

Daß Akte der öffentlichen Gewalt, die gegen höherrangiges Recht verstoßen, im nationalen Recht bis zur Aufhebung gültig sind, stellt eine Ausnahme von der obigen Regel dar, die auf besonderen Rechtssätzen zugunsten der öffentlichen Gewalt, auf dem Gedanken beruht, daß im öffentlichen Interesse gesetzte Akte zunächst einmal vollstreckt werden müssen. Überdies gilt diese Regel auch im nationalen Recht nicht ausnahmslos. So sind z. B. gegen die Verfassung verstoßende Gesetze nach dem Recht der meisten Staaten nichtig. Im Verwaltungsrecht der meisten Staaten sind Verwaltungsakte mit groben Fehlern nicht nur aufhebbar, sondern nichtig. Überdies kann der Verwaltungsrichter der meisten Staaten die Vollstreckung fehlerhafter Verwaltungsakte aussetzen.

Das bedeutet, daß entgegen der *Kelsen*schen Theorie gerade die *Gültigkeit* fehlerhafter Akte internationaler Organisationen auf einem besonderen Völkerrechtssatz beruhen muß. Ein solcher Rechtssatz läßt sich für internationale Organisationen aber nicht feststellen. Ganz im Gegenteil geht die herrschende Lehre davon aus, daß kompetenzverletzende Akte internationaler Organisationen ultra vires und damit nichtig sind.

7. Zur innerstaatlichen Wirksamkeit von Beschlüssen internationaler Organisationen

Selbst wenn man der Theorie von *Seidl-Hohenveldern* folgt, daß das Verwaltungsstatut des Personals als einstimmiger Beschluß der Mitgliedstaaten einen völkerrechtlichen Vertrag darstellt, der die Satzung ändern konnte, wäre dieser Vertrag wegen Verstoßes gegen die deutsche Verfassung nichtig oder zumindest im deutschen Rechtsraum nicht anwendbar:

a) Auszugehen ist von der Tatsache, daß ein völkerrechtlicher Vertrag nach Art. 59 II GG der Zustimmung des deutschen Parlaments bedurft hätte. In der Tat bedürfen Verträge, welche sich auf Gegenstände der Bundesgesetzgebung beziehen, der Zustimmung des Parlaments. Nach dieser Bestimmung ist ein Zustimmungsgesetz immer dann erforderlich, wenn der Vertrag entweder gegen deutsches Recht verstößt (Gesetzesvorrang) oder wenn der Gesetzesvorbehalt ein Gesetz erfordert[222]. Im vorliegenden Fall verstößt der Vertrag, der Ziff. 5 des Zeichnungsprotokolls aufhebt, gegen deutsches Recht. Dabei kann man zunächst einmal auf die Tatsache abstellen, daß der gesamte Eurocontrol-Vertrag einschließlich der Ziff. 5 des Zeichnungsprotokolls durch das deutsche Zustimmungsgesetz in ein deutsches Gesetz transformiert worden ist. Die Abänderung des deutschen Gesetzes durch einen Vertrag bedarf dann erneut der Zustimmung des Gesetzgebers. Aber selbst wenn man der Auffassung ist, daß nicht jede vertragliche Änderung eines transformierten Vertrages erneut der Zustimmung des Parlaments bedarf, wenn also überprüft werden muß, ob die neue Regelung ihrerseits unter Art. 59 II GG fällt[223], kommt man zu keinem anderen Ergebnis. Denn Ziff. 5 des Zeichnungsprotokolls schützt nur die auf Völkergewohnheitsrecht und auf deutschen Gesetzen beruhende deutsche gesetzliche Zuständigkeitsordnung. Jede Änderung dieser Zuständigkeitsgesetze durch einen Vertrag bedarf der Zustimmung des Parlaments.

b) Unserer Ansicht nach ist die Verletzung des Art. 59 II GG durch den Vertrag, also eine verfassungsrechtliche Bestimmung über die Abschlußkompetenz, offenkundig, so daß der Vertrag nach dem — Völkergewohnheitsrecht enthaltenden — Art. 46 der Wiener Vertragsrechtskonvention nichtig ist. Selbst wenn man das aber nicht annimmt und/oder mit dem Wortlaut des Art. 46 nur davon ausgeht, daß nur die Bundesrepublik Deutschland im internationalen Verkehr, nicht ein individueller Kläger vor einem nationalen Gericht diese Verfassungswidrigkeit und damit Nichtigkeit geltend machen kann, führt der Verstoß gegen die Verfassung und insbesondere gegen Art. 59 II GG dazu, daß der Vertrag innerstaatlich nicht vollzogen werden kann, der nationale Richter also die durch das Verwaltungsstatut des Personals begründete ausschließliche Zuständigkeit des Verwaltungsgerichts der ILO nicht beachten darf.

c) Selbst wenn dieser Verfassungsverstoß völkerrechtlich und innerstaatlich unbeachtlich wäre, könnte der Vertrag nicht innerstaatlich

---

222 *Bleckmann*, Grundgesetz und Völkerrecht (Anm. 24), S. 219.

223 *Bleckmann*, Grundgesetz und Völkerrecht (Anm. 24), S. 219 f.

vollzogen werden, weil er nicht in innerstaatliches Recht transformiert worden ist:

aa) Sieht man das Verwaltungsstatut des Personals als einseitigen Beschluß der Eurocontrol an, ergibt sich nach deutschem Recht keine Möglichkeit zur Transformation durch ein Zustimmungsgesetz oder durch Art. 25 GG. Sieht man den Akt als einen Vertrag an, fehlt ein Zustimmungsgesetz nach Art. 59 II GG, das den Vertrag in innerdeutsches Recht transformiert.

bb) Nach den klassischen deutschen Regeln über das Verhältnis des Völkerrechts zum Landesrecht kann der einseitige Akt also in der Bundesrepublik Deutschland keine Wirkung entfalten. Die Lehre hat allerdings seit einiger Zeit erkannt, daß diese klassischen Regeln zu eng sind und einen Vollzug des Völkerrechts im nationalen Rechtsraum nicht in dem erforderlichen Maße gestatten. Insoweit ist auf eine Reihe von Versuchen der Lehre hinzuweisen, diese klassischen Theorien zu erweitern:

(1) Der Verfasser dieses Gutachtens hat in einem Aufsatz im Archiv des Völkerrechts gezeigt, daß man bei einer Verbindung des Monismus mit dem Dualismus zu einer Theorie gelangen kann, nach der grundsätzlich alle völkerrechtlich relevanten Akte im nationalen Rechtsraum vollzogen werden können[224]. In einem Aufsatz in der Zeitschrift „Die Öffentliche Verwaltung" habe ich ferner gezeigt, daß im deutschen Recht der Grundsatz der Völkerrechtsfreundlichkeit der deutschen Rechtsordnung selbst als Transformator herangezogen werden kann, etwa um einseitige Akte der internationalen Organisationen, internationale Gerichtsentscheidungen usw. in deutsches Recht zu transformieren[225]. Diese Auffassungen sind aber bisher nur recht spekulativ; die Lehre und vor allem die Rechtsprechung sind ihr bisher nicht gefolgt.

(2) Daneben gibt es vereinzelte Versuche der Lehre, bestimmte Völkerrechtsakte ohne Zustimmungsgesetz innerstaatlich wirksam zu machen. Hinzuweisen ist auf den schon zitierten Aufsatz von *Frowein*[226], nach dem Feststellungsakte der Bundesregierung innerstaatlich gelten, auf einen Aufsatz des Verfassers zur innerstaatlichen Anwendbarkeit von deutschen Wiederanwendungsverträgen[227] und auf die Nachweise von *Schreuer*, nach dem internationale Gerichtsurteile innerstaatlich

---

[224] *Bleckmann*, Das Verhältnis des Völkerrechts zum Landesrecht im Lichte der „Bedingungstheorie" (Anm. 221).

[225] *Bleckmann*, Die Völkerrechtsfreundlichkeit der deutschen Rechtsordnung, DÖV 1979, S. 308.

[226] *Jochen A. Frowein* (Anm., 191).

[227] *Bleckmann*, Die Wiederanwendung deutscher Vorkriegsverträge (Anm. 192).

weitgehend angewendet werden[228]. Für einseitige Akte internationaler Organisationen ist ein solcher Nachweis dagegen bisher noch nicht versucht worden.

(3) Insbesondere wenn man das Verwaltungsstatut des Personals als Vertrag versteht, erscheint es schon deshalb schwierig, außerhalb der klassischen Theorien die innerstaatliche Geltung solcher Verträge zu begründen, weil durch eine solche Auffassung der Art. 59 II GG umgangen werden könnte.

Allerdings ist bei den anfänglichen, inzwischen durch die Anerkennung der Direktwirkung des Europäischen Gemeinschaftsrechts überholten Interpretationen versucht worden, die in Art. 24 GG vorgesehene innerstaatliche Wirkung des Sekundärrechts durch eine „antizipierte" Transformation des Sekundärrechts durch das Zustimmungsgesetz zum Gründungsvertrag zu deuten. Wenn diese Versuche für Art. 24 GG auch überholt sind, können sie doch bei anderen internationalen Organisationen relevant werden, soweit den Organisationen Hoheitsgewalt — wie bei der Personalhoheit der Eurocontrol — nicht übertragen worden ist. Allerdings scheinen mir zwei durchschlagende Gründe gegen eine solche Konzeption zu sprechen:

Einmal muß jedes Gesetz, also auch ein Zustimmungsgesetz zu völkerrechtlichen Verträgen, einen *bestimmten* Inhalt haben. Obwohl nun Art. 13 und 14 der Satzung der Agentur von Eurocontrol auf das übliche, weitgehend einheitliche Modell des internationalen Dienstrechts und der internationalen Verwaltungsgerichtsbarkeit verweisen dürften, ist diese Bestimmung auch insoweit nicht in dem obigen Sinne hinreichend bestimmt, als Einzelheiten des Dienstrechts von dem obigen Modell abweichen dürfen. Eine antizipierte Transformation solcher unvorhersehbaren Abweichungen ist aber nach deutschem Recht nicht möglich, da sie auf die Einräumung einer Kompetenz zum Erlaß von Gesetzen oder Rechtsverordnungen hinauslaufen würde. Auf der anderen Seite würde die Theorie der antizipierten Transformation die Entscheidung der deutschen Verfassung gegen eine unbegrenzte Transformation der Akte von internationalen Organisationen außerhalb des Art. 24 GG aus den Angeln heben.

(4) Nach Art. 34 des Eurocontrol-Vertrags sind „die Satzung der Agentur sowie alle Änderungen, denen sie nach Maßgabe ihrer eigenen sowie der Bestimmungen dieses Übereinkommens unterworfen sind, im Hoheitsgebiet der Vertragspartner gültig und rechtswirksam". Die „Änderungen" beziehen sich nach Art. 37 auf die Änderungen der Satzung der Agentur. Ziff. 5 des Zeichnungsprotokolls wird dadurch nicht

---

[228] Vgl. aber auch *Christoph H. Schreuer*, The Relevance of UN Resolutions in Domestic Litigation, ICLQ 1978, S. 1 ff.

umfaßt. Art. 34 des Eurocontrol-Vertrages ist auf einen solchen Fall nicht anwendbar.

(5) Auch auf Art. 24 GG kann die innerstaatliche Wirkung des Beschlusses nicht gestützt werden. Zunächst bezieht sich Art. 24 GG wie oben gezeigt nur auf die primären Hoheitsaufgaben der Eurocontrol (Luftsicherung und Gebührenerhebung), nicht auf die Personalhoheit dieser Organisation. Auf der anderen Seite sind Hoheitsakte nach Art. 24 GG in den Mitgliedstaaten nur vollziehbar, wenn sie sich auf die Satzung stützen, auf die sich das deutsche Gesetz bezieht, und nicht, wenn sie gegen die Satzung verstoßen.

Selbst wenn sich Art. 24 GG auf die Personalhoheit der Eurocontrol beziehen sollte, setzt diese Bestimmung schließlich voraus, daß der Vertrag oder das Zustimmungsgesetz die *innerstaatliche Wirkung* des Sekundärrechts der supranationalen Organisation wie etwa Art. 189 des EWG-Vertrags *eindeutig* festlegen. Das ist beim Eurocontrol-Vertrag aber nur für die Gebührenerhebung und für die Satzung der Agentur und ihre Änderungen selbst (Art. 34 des Eurocontrol-Vertrags), nicht aber für die aufgrund dieser Satzung ergangenen Beschlüsse vorgesehen worden.

d) Der Satzungsverstoß durch das Verwaltungsstatut des Personals wäre unter Umständen unbeachtlich und das Verwaltungsstatut des Personals brauchte nicht in deutsches Recht transformiert zu werden, wenn sie nur Bestandteil eines bürgerlich-rechtlichen oder öffentlich-rechtlichen Beamtenvertrages wären. Denn alle Klauseln eines solchen Vertrages müßten vom deutschen Richter angewendet werden.

aa) Zu berücksichtigen ist in diesem Fall einmal, daß die Änderung der deutschen Zuständigkeitsordnung durch einen Vertrag *durch ein deutsches Gesetz* gestattet sein muß. Mangels eines in deutsches Recht transformierten internationalen Aktes könnte man sich insoweit nur auf eine Analogie zu den Bestimmungen der ZPO über die Begründung eines ausschließlichen ausländischen Gerichtsstandes oder über die Einsetzung eines Schiedsgerichts stützen. Die Möglichkeit einer solchen Analogie erscheint fraglich. Überdies erscheint, wenn es sich um einen öffentlich-rechtlichen Vertrag handeln sollte, die Begründung einer fremden Zuständigkeit kaum möglich.

bb) Außerdem erscheint mir die Konstruktion, welche das Verwaltungsstatut des Personals in den einzelnen Vertrag übernimmt und dabei von einer antizipierten Übernahme auch späterer Änderungen des Verwaltungsstatuts des Personals ausgehen muß, recht fragwürdig.

cc) Schließlich dürfte eine solche vertragliche Umgehung des deutschen Gesetzesrechts (Ziff. 5 des Zeichnungsprotokolls) und der deutschen Verfassung (Art. 59 II GG) gegen ein deutsches Gesetz verstoßen, so daß ein solcher Vertrag nichtig wäre.

8. Transformation des Beschlusses über die Einrichtung einer Verwaltungsgerichtsbarkeit

Wenn schließlich Ziff. 5 des Zeichnungsprotokolls mit dem Gutachten von *Seidl-Hohenveldern* im Sinne einer Tatsachenfeststellung und nicht im Sinne eines Verbots der Aufhebung der deutschen Gerichtsbarkeit gelesen werden müßte, hätte die Eurocontrol ohne Verstoß gegen die Satzung aufgrund der Art. 13 und 14 der Satzung der Agentur vorbehaltlich der Bedenken gegen das IGH-Urteil zum Verwaltungsgericht der UNO aufgrund ihrer Personalhoheit ein Verwaltungsgericht einrichten können. Aber auch ein solcher einseitiger Beschluß könnte, selbst wenn er aus dem Vertrag abgeleitet würde, innerstaatlich keine Wirkungen entfalten, weil ein solcher Beschluß mangels Transformation nach den obigen Ausführungen im deutschen Recht nicht vollziehbar ist.

F. Zuständigkeit „ratione materiae“: Können die deutschen Gesetze über die Zuständigkeit der Gerichte und insbesondere der Verwaltungsgerichte dahin ausgelegt werden, daß sie Streitigkeiten zwischen internationalen Organisationen und ihren Beamten umfassen?

I.

Bei den bisherigen Ausführungen sind wir davon ausgegangen, daß es sich bei den Klagen im konkreten Fall um privatrechtliche Ansprüche handelt, die nach deutschem Privatrecht von den für solche Privatstreitigkeiten zuständigen deutschen Gerichten zu entscheiden sind. Im folgenden bleibt zu untersuchen, ob — wenn es sich um öffentlich-rechtliche Ansprüche handelt, für welche eine Immunität nicht besteht, weil acta iure imperii nicht beurteilt zu werden brauchen — nach deutschem Recht die deutschen Verwaltungs- oder Sozialgerichte zuständig sind.

II.

Die einschlägigen deutschen Bestimmungen über die Zuständigkeit der Verwaltungsgerichte und insbesondere § 40 der VwGO beschränken die Zuständigkeit der Verwaltungsgerichte nicht ausdrücklich auf öffentlich-rechtliche Streitigkeiten der deutschen Staatsgewalt. Eine solche Beschränkung könnte auf zwei Gründen beruhen:

1. Wenn der Bundesrepublik nach den obigen Ausführungen über die Immunität der internationalen Organisationen die internationale Zuständigkeit fehlt, fehlt es auch an der Zuständigkeit der deutschen Verwaltungsgerichte nach deutschem Recht. Das ist, wie oben gezeigt, für den konkreten Rechtsstreit nicht der Fall.

2. Dann kann eine Beschränkung des § 40 VwGO nur auf dem Gedanken beruhen, daß Art. 19 IV GG, also das Rechtsstaatsprinzip, grundsätzlich nur gegen Hoheitsakte des deutschen Staates schützen will. Diese Ansicht übersieht aber zahlreiche Ansätze in Lehre und Rechtsprechung, welche in die entgegengesetzte Richtung weisen:

a) Daß sich Art. 19 IV GG nicht nur auf die Hoheitsgewalt des deutschen Staates, sondern auf die Ausübung jeder Hoheitsgewalt auf deutschem Boden erstreckt, ergibt sich einmal aus der Tatsache, daß die

Verwaltungsgerichte Klagen von Kirchenbeamten gegen ihre Kirchen zugelassen haben[229], obwohl es sich dabei um Hoheitsgewalt der Kirchen und nicht des deutschen Staates im weiteren Sinne handelt.

b) Daß Art. 19 IV GG und das Rechtsstaatsprinzip sich auf jede Ausübung von Hoheitsgewalt auf deutschem Boden beziehen, ergibt sich ferner auch aus den folgenden Tatsachen:

aa) Das Prinzip der strukturellen Kongruenz[230] besagt, daß die Bundesrepublik Deutschland nach Art. 24 GG Hoheitsbefugnisse nur an internationale Organisationen übertragen darf, welche den Verfassungsprinzipien des Grundgesetzes entsprechen. Das bedeutet aber auch, daß das Grundgesetz daran interessiert ist, daß die internationale Hoheitsgewalt rechtsstaatlich durch Gerichte kontrolliert wird, soweit sie auf deutschem Boden handelt.

bb) Unter Berücksichtigung des Rechtsstaatsprinzips hat das Bundesverfassungsgericht ferner seine Kompetenz zur Kontrolle des europäischen Sekundärrechts an der Verfassung im Rahmen des Art. 100 I GG bejaht[231].

cc) Die Rechtsprechung des Bundesverfassungsgerichts über den Abbau der Besatzungsgewalt[232] und über die Ausübung der französischen Hoheitsgewalt im Saarland[233] zeigt ferner, daß das Grundgesetz nach der Auffassung des Bundesverfassungsgerichts an der rechtsstaatlichen Kontrolle auch fremder Hoheitsgewalt auf deutschem Boden interessiert ist.

III.

Wir kommen also zu dem Ergebnis, daß Art. 19 IV GG und das Rechtsstaatsprinzip eine Auslegung des § 40 VwGO erfordern, welche eine rechtsstaatliche richterliche Kontrolle fremder Hoheitsgewalt auf deutschem Boden gestatten, soweit die Immunität fremder Staaten und internationaler Organisationen nicht entgegenstehen. Bedenken bestehen im vorliegenden Fall um so weniger, als auf das Rechtsverhältnis des Klägers nicht fremdes öffentliches Recht zur Anwendung gelangt, sondern analog anzuwendendes deutsches bürgerliches Recht, so daß die grundsätzlichen Bedenken der deutschen Gerichte, eine fremde öffentliche Rechtsordnung in der Bundesrepublik durchzusetzen, nicht greifen.

---

229 Vgl. *Axel von Campenhausen,* Staatskirchenrecht, 1973, S. 177 ff.; *K. Hesse,* Der Rechtsschutz durch staatliche Gerichte im kirchlichen Bereich, 1956.

230 Vgl. die Literatur bei *Bleckmann,* Europarecht (Anm. 161), S. 213 ff.

231 BVerfGE 37, 271 f.

232 Vgl. *Bleckmann,* Grundgesetz und Völkerrecht (Anm. 24), S. 242 ff.

233 BVerfGE 4, 157 ff., 168 ff.

G. Zur mangelnden Rechtsstaatlichkeit des Verwaltungsgerichts der ILO

I.

Nach einhelliger Lehre erfordert der Rechtssatz der strukturellen Kongruenz, daß die Bundesrepublik Deutschland Hoheitsbefugnisse nur an eine supranationale Organisation übertragen kann, die den Grundprinzipien des Grundgesetzes entsprechend organisiert ist und insbesondere eine rechtsstaatlichen Anforderungen entsprechende Gerichtsbarkeit besitzt. Wenn nun auch die Personalhoheit von Eurocontrol, wie wir gesehen haben, nicht unter Art. 24 GG fällt, müssen diese Prinzipien, weil die Bundesrepublik Deutschland nach den obigen Ausführungen ein Interesse an der rechtsstaatlichen Kontrolle fremder Hoheitsgewalt auf deutschem Boden besitzt, jedenfalls dann analog angewendet werden, wenn die supranationale Organisation den deutschen Rechtsweg durch Begründung eines eigenen Verwaltungsgerichts ausschließt.

II.

Obwohl das starke Übergewicht der Fälle, in denen das Verwaltungsgericht der ILO nach Ansicht des Personals der Eurocontrol zugunsten der Verwaltung entschieden hat, die für rechtsstaatliche Anforderungen erforderliche Unparteilichkeit dieses Gerichts in Frage stellen könnte, sollen hier doch nur drei Gesichtspunkte herangezogen werden, welche die Rechtsstaatlichkeit des Verfahrens des Verwaltungsgerichts der ILO berühren:

1. Nach Art. 93 Abs. 1 des Verwaltungsstatuts des festangestellten Personals der Agentur der Eurocontrol vom 1. Mai 1973 und Art. II Ziff. 1 des nach Art. 93 Abs. 5 anwendbaren Statuts des ILO Verwaltungsgerichts sind „alle Streitsachen zwischen der Agentur und einer der in diesem Statut genannten Personen über die Nichtbeachtung der Bestimmungen des Statuts in Inhalt und Form“ dem Verwaltungsgerichtshof der ILO zu übergeben.

Nun sieht Art. 85 Abs. 1 des Verwaltungsstatuts zwar vor, daß die Anwendung der innerstaatlichen Regelungen, die das Recht oder die Pflicht der Mitgliedschaft in einem innerstaatlichen Sozialversicherungssystem bestimmen, durch das Statut nicht berührt werden. Nach

Ziff. 2 sind die von der Agentur oder einem Beamten der Agentur an ein innerstaatliches Sozialversicherungssystem gezahlten Beiträge von den Beiträgen an die Pensionskasse von Eurocontrol abzuziehen.

Diese Bestimmungen sehen nicht ausdrücklich vor, daß in bestimmten Fällen die Agentur Beiträge zur deutschen Sozialversicherungsanstalt zahlen *muß*. Eine Pflicht zur Entrichtung von Pflichtbeiträgen ergibt sich dabei nur aus dem deutschen Sozialversicherungsrecht; eine Pflicht zur Abführung freiwilliger Beiträge für den Kläger an die deutsche Sozialversicherungsanstalt ergibt sich nur bei einer Anwendung der deutschen Prinzipien von Treu und Glauben, die entweder bei der Auslegung des Verwaltungsstatuts herangezogen werden müssen oder eine solche Verpflichtung selbständig begründen können.

Nun kann das Verwaltungsgericht der ILO nach den oben zitierten Bestimmungen die Ablehnung einer solchen Beitragszahlung durch die Eurocontrol nur anhand des — insoweit nicht klaren — *Verwaltungsstatuts*, eventuell noch anhand des allgemeinen Völkerrechts, insbesondere der allgemeinen Rechtsgrundsätze des Völkerrechts, überprüfen. Eine Überprüfung der aus dem deutschen Sozialversicherungsrecht fließenden Verpflichtungen von Eurocontrol steht dem Verwaltungsgericht der ILO dagegen nicht zu. Zwar kennt auch das Völkerrecht ferner den Grundsatz von Treu und Glauben, doch wird dieser Grundsatz im Völkerrecht wesentlich enger ausgelegt als etwa im deutschen Recht:

Das Verwaltungsgericht der ILO muß also das Rechtsverhältnis der internationalen Beamten zu ihrer Organisation auf der Grundlage der allgemeinen Völkerrechtsordnung, d. h. einer Rechtsordnung lösen, die auf die völlig abweichenden Beziehungen zwischen Staaten ausgerichtet und damit dem eher „innerstaatlichen" Rechtsverhältnis zwischen den Beamten und ihrer Organisation nicht adäquat ist. Zwar haben die internationalen Verwaltungsgerichte im Rahmen der allgemeinen Rechtsgrundsätze für diese Rechtsbeziehungen unter Rückgriff auf die nationalen Rechtsordnungen einzelne Rechtssätze entwickelt; zu einer echten Rechtsordnung haben sich diese Rechtssätze aber noch nicht verdichtet. Da angesichts der Ungewißheit, ob das internationale Verwaltungsgericht gerade im anhängigen Rechtsstreit auf die allgemeinen Rechtsgrundsätze als Rechtsquelle zurückgreifen wird und angesichts der starken Unterschiede zwischen den nationalen Rechtsordnungen in fast allen Bereichen das Ergebnis der im Rahmen der allgemeinen Rechtsgrundsätze anzustellenden Rechtsvergleichung nie vorausbestimmt werden kann, stellt jede Klage, die sich nicht auf eine eindeutige Auslegung des Personalstatuts stützen kann, ein „Lotteriespiel" dar; die durch das Rechtsstaatsprinzip geforderte, durch die dichte nationale Rechtsordnung garantierte Vorhersehbarkeit der rechtlichen

Entscheidung ist so nicht gesichert. Hinzukommt, daß die — nur relativ sporadisch bleibende — internationale Rechtsprechung der Verwaltungsgerichte meist nicht veröffentlicht wird, so daß sich auch auf diese Weise einheitliche Regeln des Völkerrechts, die dem Kläger zugänglich sind, nicht bilden können.

Da vor allem im allgemeinen Völkerrecht und insbesondere im internationalen Beamtenrecht das Rechtsstaatsprinzip und die Grundrechte der Beamten nur schwach entwickelt sind, besteht überdies bei einem so breiten materiell- und prozeßrechtlichen Beurteilungsspielraum der Richter, die überdies von den Organen der ILO jeweils nur für *drei* Jahre ernannt und wahrscheinlich gerne wiederernannt werden, die Gefahr, daß sie die Interessen der Verwaltung überbewerten.

Das bedeutet aber, daß dem Verwaltungsgericht der ILO wegen der Beschränkung der Rechtsquellen, auf welche dieses Gericht zurückgreifen darf, eine *sachgerechte* Entscheidung von Fällen der vorliegenden Art nicht möglich ist. Das heißt aber mit anderen Worten, daß das Verwaltungsgericht im vorliegenden Falle notwendig eine gegen das Rechtsstaatsprinzip verstoßende Justizverweigerung (déni de justice) begehen muß.

2. In dem in diesem Gutachten mehrfach zitierten Rechtsgutachten hat der IGH zwar festgestellt, daß die Entscheidungen des Verwaltungsgerichts der UNO trotz Fehlens einer ausdrücklichen Bestimmung im einschlägigen Statut aufgrund eines allgemeinen Rechtsgrundsatzes des Völkerrechts die Organe der UNO binden. Die zahlreichen abweichenden Voten zeigen aber deutlich, daß ein solcher allgemeiner Rechtsgrundsatz nicht allgemein anerkannt wird. Da weder das Verwaltungsstatut der Agentur von Eurocontrol noch das Statut des Verwaltungsgerichts der ILO eine Bestimmung hinsichtlich der Rechtskraft der Urteile des Verwaltungsgerichts der ILO enthalten, besteht die Gefahr, daß die Verwaltung von Eurocontrol die Entscheidungen des Verwaltungsgerichts der ILO nicht beachtet. Auch insoweit bestehen Bedenken gegen die Rechtsstaatlichkeit des Verwaltungsgerichts.

3. Auch gegen die Verfahrensordnung des ILO-Verwaltungsgerichts bestehen schließlich gewisse Bedenken:

a) Die vielen hundert Paragraphen der verschiedenen deutschen Gerichtsordnungen lassen deutlich erkennen, daß das Rechtsstaatsprinzip eine bis ins Detail ausgefeilte gerichtliche Verfahrensordnung fordert, um die Willkür des Richters auszuschließen. Diesen Anforderungen entsprechen die wenigen Artikel des Statuts des Verwaltungsgerichts der ILO nicht, die nicht einmal alle Grundfragen hinreichend regeln.

Insbesondere ist hervorzuheben, daß die prozessualen Rechte des klagenden Beamten im Statut nicht festgelegt werden. Es widerspricht den elementarsten Prinzipien der deutschen Rechtsordnung, daß das Verfahren grundsätzlich nur schriftlich geführt wird und eine mündliche Verhandlung, aber auch die Beweisaufnahme, im *freien* Ermessen des Gerichts steht (Art. XI und XII des Anhangs zum Statut des Verwaltungsgerichts der ILO). Der Grundsatz des rechtlichen Gehörs (Art. 103 GG) ist so nicht gewährleistet.

Diese Bestimmung ist vor allem deshalb rechtsstaatlich so bedenklich, weil die rechtlich meist nicht versierten technischen Beamten von Eurocontrol in Karlsruhe ihre schriftlichen Anträge häufig nicht so fassen können, daß ihr Anliegen klar ersichtlich wird; die Einschaltung eines Rechtsanwalts ist aber gerade in den Streitigkeiten von Eurocontrol fast unmöglich, weil die Angestellten in Karlsruhe keine Anwälte in Genf kennen, die Einschaltung eines — meist die Gerichtssprachen und die Gebräuche und Regeln eines internationalen Gerichts nicht kennenden — deutschen Rechtsanwalts wegen dessen Reisekosten aber die Kosten der Klage in fast unzumutbare Höhen treibt: Es ist überhaupt fraglich, ob es rechtsstaatlich zumutbar ist, als „erste Instanz" ein Gericht zu bestellen, das in mehr als 700 km Entfernung vom Arbeitsort Karlsruhe seinen Sitz in Genf hat.

Außerdem ist das für das deutsche Verfahrensrecht grundsätzliche Prinzip der Waffengleichheit nicht gewährleistet: Art. XII des Statuts des Verwaltungsgerichts der ILO sieht für die fremde internationale Organisation, die ihre Beamtenstreitigkeiten der Gerichtsbarkeit der ILO unterworfen hat, *nicht aber für den Kläger,* eine zweite Instanz in Form eines bindenden Rechtsgutachtens der IGH vor, wenn ein schwerer Verfahrensfehler vorliegt.

b) Die Wahrheitsfindung vor internationalen Verwaltungsgerichten wird ferner auch dadurch stark erschwert, daß es ein internationales Strafgesetz oder eine internationale Strafgerichtsbarkeit, welche etwa Falschaussagen und Meineide von Zeugen und Sachverständigen oder die Rechtsbeugung durch einen Richter selbst bestraft, nicht gibt.

c) Zu berücksichtigen ist schließlich, daß das Verwaltungsgericht der ILO nach seinem Statut kein Urteil erlassen kann, das dem Rechtsschutzbegehren des Klägers voll genügt. In der Tat kann das Verwaltungsgericht nach Art. VIII seines Statuts nur eine Entscheidung der Verwaltung von Eurocontrol, welche den Anspruch des Klägers ablehnt, aufheben oder eine Entschädigung festsetzen; eine Verurteilung zur Leistung oder eine Feststellung einer Verpflichtung der Verwaltung ist *nicht* möglich.

III.

Zwar wird man das deutsche Rechtsstaatsprinzip nicht in allen seinen Details auf die inter- und supranationalen Organisationen anwenden dürfen, sondern einerseits die Tatsache, daß andere Mitgliedstaaten vom Rechtsstaatsprinzip andere Vorstellungen entwickelt haben, und daß andererseits die internationale Regelung den internationalen Beziehungen adäquat sein muß, berücksichtigen müssen. In der Regel wird man deshalb zu dem Ergebnis gelangen, daß das übliche Modell der internationalen Verwaltungsgerichtsbarkeit trotz der obigen Bedenken auch dem deutschen Rechtsstaatsprinzip genügt. Wenn die Mitgliedstaaten aber offensichtlich gerade auch aus rechtsstaatlichen Bedenken wie in Ziff. 5 des Zeichnungsprotokolls zum Eurocontrol-Vertrag die nationale Gerichtsbarkeit vorzuschalten haben, wird man auch aus rechtsstaatlichen Gründen jeder Aufhebung einer solchen Bestimmung mit Vorsicht begegnen müssen.

H. Zusammenfassung der Ergebnisse

Wenn die Immunität der Eurocontrol nicht durch einen Rechtssatz des Völkerrechts zweifelsfrei nachgewiesen werden kann, besitzt die Bundesrepublik Deutschland aufgrund ihrer Gebietshoheit volle Gerichtsbarkeit über die Streitigkeiten zwischen Eurocontrol und deren Bediensteten.

I.

1. Die Satzung von Eurocontrol sieht abweichend von dem üblichen Immunitätsmodell nicht nur keine Immunität für die Flugsicherung als „Primärtätigkeit" der Organisation vor, sie unterwirft vielmehr gerade umgekehrt auch diese Primärtätigkeit der Gerichtsbarkeit der Mitgliedstaaten. Der Eurocontrol-Vertrag liegt damit auf der Linie von neueren Immunitätsverträgen internationaler Organisationen.
2. Die Immunität für die Personalhoheit der internationalen Organisationen soll die Primärtätigkeit der internationalen Organisationen schützen. Wenn deshalb der Eurocontrol-Vertrag selbst die Primärtätigkeit der internationalen Organisation nicht durch Immunitäten schützt, war es nur logisch, in Ziff. 5 des Zeichnungsprotokolls die Immunität für das Rechtsverhältnis der Bediensteten zur Eurocontrol von der Immunität ausdrücklich auszuschließen. Ziff. 5 des Zeichnungsprotokolls enthält dabei ein Verbot der Aufhebung der aus dem Völkerrecht fließenden Hoheitsgewalt der Mitgliedstaaten über dieses Rechtsverhältnis.

II.

1. Selbst wenn man den Eurocontrol-Vertrag nicht im obigen Sinne auslegt, ergeben sich außervertragliche Immunitäten für das Rechtsverhältnis von Eurocontrol zu ihren Bediensteten nur in sehr engem Umfang. Völkergewohnheitsrecht ist insoweit noch nicht entstanden. Die außervertragliche Immunität der internationalen Organisationen kann deshalb nur auf völkerrechtlich noch sehr fragliche Grundlagen, etwa auf Grundprinzipien der Staatenimmunität, auf eine Analogie zur Immunität der Staaten oder auf die Natur der Sache gestützt werden.

2. Nach den meisten dieser „Rechtsquellen“ beschränkt sich die Immunität auf die Primärtätigkeit der internationalen Organisationen. Die Beziehungen der Organisation zu ihrem Personal werden durch diese Immunität nur erfaßt, wenn sie die Primärtätigkeit berühren. Das ist bei Statusfragen der internationalen Bediensteten meist nicht der Fall.
3. Nach der Analogie zur Staatenimmunität ist auch bei internationalen Organisationen zwischen acta iure imperii und acta iure gestionis zu unterscheiden.
   a) Im vorliegenden Fall ist das Rechtsverhältnis als privatrechtliche Streitigkeit (acta iure gestionis) zu qualifizieren, die Immunität von Eurocontrol scheidet deshalb aus. Das folgt schon aus der Tatsache, daß nach der Rechtsprechung der internationalen Verwaltungsgerichte das Anstellungsverhältnis der internationalen Beamten in einen (bürgerlich-rechtlichen) vertraglichen und einen statuarischen Teil zerfällt, die vorliegende Klage sich aber nur dem Vertragsverhältnis zuordnen läßt. Überdies ist bei der Qualifikation der Streitigkeiten nach deutschem Recht für vermögenswerte Ansprüche auf die auch international anerkannte deutsche Fiskustheorie zurückzugreifen, weil die meisten internationalen Organisationen ein Verwaltungsgericht nicht besitzen und überdies im konkreten Fall die Errichtung des Verwaltungsgerichts der ILO nach den folgenden Grundsätzen vom deutschen Richter nicht berücksichtigt werden kann.
   b) Selbst wenn der Anstellungsvertrag internationaler Beamter als öffentlich-rechtlicher Vertrag zu qualifizieren wäre, griffe eine Immunität von Eurocontrol nicht ein, weil im vorliegenden Fall acta iure imperii der internationalen Organisationen durch den deutschen Richter nicht zu beurteilen ist.

III.

Ein Ausschluß der deutschen Gerichtsbarkeit ist durch die Tatsache, daß das Verwaltungsstatut von Eurocontrol für Streitigkeiten aus dem Beamtenverhältnis die ausschließliche Zuständigkeit des ILO-Verwaltungsgerichts vorsieht, nicht erfolgt.

1. Der deutsche Richter darf und muß die Übereinstimmung eines Beschlusses einer internationalen Organisation, der in der deutschen Rechtsordnung Rechtswirkungen hervorrufen soll, mit der Satzung der internationalen Organisation und mit dem Grundgesetz überprüfen.
2. Die Bundesrepublik hat durch ihre Zustimmung zu dem Beschluß von Eurocontrol auf ihre Kompetenz zur gerichtlichen Regelung der

Streitigkeiten zwischen Eurocontrol und deren Bedienstete nicht verzichtet; es liegt insoweit auch kein völkerrechtlicher estoppel vor. Überdies könnten diese einseitigen Akte der Bundesregierung auf der völkerrechtlichen Ebene von dem deutschen Richter nicht berücksichtigt werden.

3. Der einstimmig einseitige Beschluß eines Organs der internationalen Organisation, der gegen die Satzung verstößt, ist selbst dann nichtig, wenn diesem Beschluß alle Mitgliedstaaten zugestimmt haben.

4. Selbst wenn dieser einseitige Beschluß völkerrechtlich gültig wäre, könnte er von einem deutschen Richter nicht beachtet werden, weil er gegen Art. 59 II GG verstößt und weil er durch einen Akt der deutschen Gesetzgebung nicht in deutsches Recht transformiert worden ist.

IV.

Selbst wenn es sich bei dem Vertrag zwischen Eurocontrol und dem Kläger um einen öffentlich-rechtlichen Vertrag handelte, schiede nach den vorhergehenden Ausführungen eine Immunität von Eurocontrol aus. Nach deutschem Recht waren dann die Verwaltungsgerichte zuständig; das deutsche Rechtsstaatsprinzip fordert dabei, daß deutsche Gerichte die Ausübung auch fremder Hoheitsgewalt auf deutschem Boden kontrollieren, soweit das Immunitätsprinzip dem nicht entgegensteht.

V.

Schließlich bestehen Bedenken gegen die Verfassungsmäßigkeit der Übertragung der ausschließlichen Zuständigkeit auf das Verwaltungsgericht der ILO, weil dieses Gericht kein rechtsstaatlichen Anforderungen genügendes Verfahren besitzt.

FSC
www.fsc.org
MIX
Papier | Fördert
gute Waldnutzung
FSC® C083411

Kolibri 360 GmbH
Ferdinand-Jühlke-Straße 7
99095 Erfurt, Deutschland
produktsicherheit@kolibri360.de

Druck:
CPI Druckdienstleistungen GmbH
im Auftrag der
Kolibri 360 GmbH
Ferdinand-Jühlke-Str. 7
99095 Erfurt